Ruth Eder

Netzwerk der Generationen

HERDER spektrum

Band 5732

Das Buch

In diesem Buch finden Sie praktisch erprobte Anregungen mit vielen Tipps für die Lebensform der Zukunft. Ein grundlegender Paradigmenwechsel steht an, der alle Generationen betrifft, denn der demographische Wandel wird für Wirtschaft, Kultur, die Sozialsysteme und auch den Arbeitsmarkt tief greifende Folgen haben. Denn eins ist klar: Auf allen Gebieten wird man nicht mehr allein auf Dynamik und Tatkraft der Jungen setzen können, sondern muss wieder ebenso auf die Kompetenzen und die Erfahrung der Älteren zurück greifen. Wir werden unser Bild vom Alter überprüfen und ändern müssen und wir werden mit der jüngeren und ganz jungen Generation Hand in Hand arbeiten und leben müssen, wenn wir die Herausforderungen des 21. Jahrhunderts meistern wollen. Erfolgreiches „Networking" wird schon heute bei generationsübergreifenden Unternehmungen erprobt: Aktionen für gemeinsamen Sport oder Malen. Projekte wie „Schüler coachen Senioren" am PC oder Handy. Senioren bringen ihre Erfahrungen im Personal Management ein, helfen beim Berufseinstieg mit Kontakten und Know-how oder dienen der jungen Generation als „Zeitzeugen", die „Geschichte" als Lebensgeschichte erst erlebbar machen.

Die Autorin

Ruth Eder, M. A., leitende Redakteurin, seit 1984 freie Autorin bei Tageszeitungen und Zeitschriften, Fachgebiet Frauen und Partnerschaft. Buchveröffentlichungen. Bei Herder Spektrum „Ich spür noch immer ihre Hand". Ruth Eder lebt und arbeitet in München.

Ruth Eder

Netzwerk der Generationen

Gemeinsam statt einsam

Mit einem Beitrag von Ursula von der Leyen

HERDER

FREIBURG · BASEL · WIEN

Gedruckt auf umweltfreundlichem,
chlorfrei gebleichtem Papier

www.herder.de
Herstellung: fgb freiburger graphische betriebe 2006
www.fgb.de
Umschlaggestaltung und Konzeption:
R M E München / Roland Eschlbeck, Liana Tuchel
Umschlagmotiv © Corbis
ISBN-13: 978-3-451-05732-8
ISBN-10: 3-451-05732-8

INHALT

Wenn einer alleine träumt,
ist es nur ein Traum.
Wenn viele gemeinsam träumen,
ist es der Beginn einer neuen
Wirklichkeit.

Martin Luther King

VORWORT

Der Gedanke eines „Netzwerks der Generationen" kam mir erstmals, als ich mich nach beruflicher Etablierung und abgeschlossener Familienphase kommunalpolitisch engagierte und feststellte, dass vor Ort und in der angrenzenden Großstadt München Kinder, Jugendliche und alte Menschen in der Regel jeder für sich, in eigenen (teuren) Einrichtungen von (teurem) Profi-Personal betreut, beschäftigt und unterhalten wurden und außerhalb ihrer engsten Verwandtschaft eigentlich wenig miteinander in Berührung kamen. Wie wäre es denn, dachte ich, selbst aus einer balkanesischen Großfamilie stammend, wenn man die Generationen für alle Seiten nutzbringend miteinander in Kontakt brächte? Erste Sondierungsgespräche wurden geführt, Treffen zwischen eventuellen Mitstreitern in Senioreneinrichtungen, Gymnasien und Jugendfreizeitstätten angebahnt. Recherchen im Internet ergaben Erstaunliches: Netzwerke der Generationen galten offenbar nicht nur in Deutschland als eine zentrale Zukunftsinnovation. Durchaus erwünschter Nebeneffekt: Kosten sparen könnte man durch diese Netzwerke in Zeiten leerer Kassen sogar auch noch. Das Thema meines neuen Buches war somit geboren. Theorie und Praxis gingen Hand in Hand.

„Trau keinem über 30", lautete das Motto, als wir – die „wilden 68er" – Studenten waren. Es richtete sich gegen den „Muff von 1000 Jahren" unter den Talaren der Professoren und erst recht gegen die „spießigen Alten" in unseren Elternhäusern und überhaupt gegen alle autoritären Strukturen. Janis Joplin und Joints, Jeans und WG, in der jeder, der zweimal mit derselben „pennt“, bereits zum Establishment zählte. Inzwischen sind 30 Jahre vergangen, wir haben den „langen Marsch durch die Institutionen“ angetreten und sind nun selbst plötzlich die „etablierten Alten“. Doch siehe da: Die Verhältnisse haben sich offenbar umgedreht: Statt auf Demos eilen unsere Kinder lieber wieder in die Tanzstunde, üben brav Klavier, und bei den Großeltern schauen sie sich jene Etikette ab, die wir in ihrem Alter weit von uns gewiesen hatten.

Das Pendel der Geschichte scheint also wieder in die andere Richtung auszuschlagen, und die Revoluzzer von einst stehen ratlos vor ihren „angepassten“ Kindern, die mit Sakko und Kostümchen artig in betriebswirtschaftlichen Vorlesungen sitzen. Und das auch noch auf die Minute pünktlich. Wir haben zwar in den Jahrzehnten nach dem Zweiten Weltkrieg Kultur und Lebensstil, ausgehend von den USA, in vielen westlichen Ländern nachhaltig verändert. Dazu gehörten Mode, Musik, Beziehungsmuster bis hin zur so genannten „sexuellen Revolution“, der inzwischen die Angst vor Aids, der Wunsch der Kids nach Treue, früher Bindung und Beständigkeit längst den Garaus gemacht haben.

Eins jedoch hat sich seither nicht geändert: Immer noch ist Altern in unserer Gesellschaft ein Tabu. Dahinter steht die Angst vor Verlust der Attraktivität und Fitness, damit verbunden das Schwinden gesellschaftlicher Anerkennung und die aufkeimende Panik, was körperlichen und geistigen Verfall und letztlich den Tod, das eigene Ausgelöschtsein angeht. Doch Altersdiskriminierung und Jugendwahn kann sich eine Gesellschaft, in der es immer mehr quicklebendige Alte und immer weniger Nachwuchs gibt, einfach nicht mehr leisten. Längst hat die Werbung die „jungen Alten“, die „best agers“ als zahlungskräftige Zielgruppe entdeckt. Darüber hinaus nähren die Medien neue Träume von Unsterblichkeit: Mit Hilfe der Gentechnik und moderner Medizin sollen die Menschen immer älter werden. Vielleicht wird es bald sogar möglich sein, die biologische Uhr völlig anzuhalten, hoffen einige, und lassen sich für teures Geld einfrieren statt begraben.

Ein grundlegender Paradigmenwechsel steht an, der alle Generationen betrifft, denn der demographische Wandel wird für Wirtschaft,

Kultur, die Sozialsysteme und auch den Arbeitsmarkt tief greifende Folgen haben. Und eins ist klar: Auf allen Gebieten wird man nicht mehr allein auf Dynamik und Tatkraft der Jungen setzen können, sondern muss wieder ebenso auf die Kompetenzen und die Erfahrung der Älteren zurück greifen. Wir werden unser Bild vom Alter überprüfen und ändern müssen und wir werden mit der jüngeren und ganz jungen Generation Hand in Hand arbeiten und leben müssen, wenn wir die Herausforderungen des 21. Jahrhunderts meisten wollen.

Das glaubte auch bereits der Römer Marcus Tullius Cicero im 1. Jahrhundert vor unserer Zeitrechnung: „Nichts sagend sind also die Reden derer, die dem Greisenalter ein tätiges Leben absprechen wollen, und es ist ungefähr so, wie wenn man behaupten wollte, der Steuermann tue bei der Schifffahrt nichts. Freilich tut er nicht das, was die jungen Leute tun, dafür ungleich Wichtigeres und Besseres. Nicht durch Kraft oder körperliche Behändigkeit und Schnelligkeit werden große Leistungen vollbracht, sondern durch besonnenen Rat, das Gewicht der Persönlichkeit, gereiftes Urteil: Eigenschaften, die im Alter nicht verloren zu gehen, sondern sogar noch zuzuwachsen pflegen. „Eine Erkenntnis, die innovative Geschäftsleute in den Betrieben gerade wieder als brandneue Management-Idee verkaufen.

Besonderen Respekt wurde in der Vergangenheit alten Menschen immer in Gesellschaften entgegen gebracht, die noch keine Schrift und damit keine schriftliche Überlieferung kannten. Hier begründeten deren Erfahrungen das Wissen und die Tradition der Gesellschaft. Auch in den agrarischen Gesellschaften späterer Jahrhunderte genossen die Alten meist Ansehen und Respekt. Das Spektrum der in solchen Gemeinschaften zu verrichtenden Arbeiten war breit genug, dass auch Ältere wertvolle und produktive Gemeinschaftsmitglieder sein und darüber hinaus Aufgaben in der Familie übernehmen konnten. Die bäuerliche Großfamilie wird neuerdings nachträglich zur Idylle erklärt, auch wenn beispielsweise in alpenländischen Austragshäusern so manche Alten reichlich knapp gehalten wurden, um die Erbschaft etwas zu beschleunigen ...

Beachtliches – sozusagen biblisches – Alter erreichten erstaunlich viele der griechischen Philosophen. So wurden Demokrit 90, Plato 80, Sokrates starb mit 70. Die Philosophen, die alle dem griechischen Adel angehörten, wurden allgemein geachtet und sie hatten vermutlich eine Lebensweise, die sie geistig fit und körperlich rege hielt: Von allen ist überliefert, dass sie stets jüngere Schüler um sich hatten, die sie unterrichteten und mit denen gemeinsam sie ihre Gedankengebäude weiter entwickelten. Der Netzwerk-Gedanke ist also so neu nicht und sorgt offenbar für ein langes, ausgefülltes Leben.

In meinem Buch versuche ich, anhand zahlreicher Beispiele den zunehmenden Dialog der Generationen, die Kooperation auf zahlreichen Gebieten in Zeiten des demographischen Wandels zu belegen und weiter in den Focus zu rücken. Natürlich ist die Auswahl dieser Beispiele höchst subjektiv und kann nur einige Highlights eines riesigen Spektrums aufzeigen. Vollständigkeit kann und soll nicht angestrebt werden, da dies den Umfang des Buches sprengen und außerdem durch die rasante Entwicklung laufend überholt werden würde. Im Anhang finden Sie deshalb nicht nur eine ausführliche Literaturliste, sondern zahlreiche Internetadressen, wie sie bei Drucklegung dieses Buches bereits bekannt waren. Ich danke meinen bundesweiten Interview-Partnern für ihre Zeit und ihr Engagement, ich habe zahlreiche Netzwerker getroffen, die vom Gedanken der Gemeinsamkeit von Jung und Alt förmlich durchdrungen sind. Und ich danke außer meinem geduldigen und engagierten Lektor Peter Raab vor allem Bundesfamilienministerin Ursula von der Leyen, einer überzeugten Generationen-Netzwerkerin, die meinem Buch-Thema durch ihren folgenden Beitrag über Mehrgenerationenhäuser zusätzliches Gewicht verliehen hat.

Unser reales „Netzwerk Jung und Alt" im Münchner Südosten nimmt übrigens ebenfalls konkrete Formen an: Das „Haus der Senioren" hat den Gymnasiasten von Zeitzeugenarbeit über Nachhilfe bis zum Golfkurs jede Menge Coachsing-Angebote gemacht. Die Schüler wünschten sich als Einstieg jedoch lieber einen Benimmkurs (!) und anschließend ein rauschendes, gemeinsames Fest der Generationen, um dort die neu erlernten Formen gleich präsentieren zu können ...

Ruth Eder im Mai 2006

Ursula von der Leyen, Bundesministerin für Familie, Senioren, Frauen und Jugend

Mehrgenerationenhäuser: Neue Netzwerke von Jung und Alt

Deutschland wird älter. Sind heute noch knapp 20 Prozent der Bevölkerung im Rentenalter, wird 2050 schon jede Dritte und jeder Dritte älter sein als 65 Jahre. Das liegt daran, dass weniger Kinder geboren werden, während gleichzeitig die Lebenserwartung steigt. Ein Junge, der heute zur Welt kommt, kann sich auf fast 76 Lebensjahre freuen, ein Mädchen sogar auf 81 Jahre. Der demographische Wandel steht uns nicht bevor – wir sind mittendrin.

Damit stehen wir vor der Aufgabe, diesen Wandel zu gestalten. Ich spreche bewusst von „gestalten"; denn anders als viele annehmen, ist die Bevölkerungsentwicklung kein Schicksal, dem wir einfach ausgeliefert sind. Wir können aktiv steuern, zum Beispiel durch eine kluge Familienpolitik. Und wir können mit den Folgen des demographischen Wandels konstruktiv umgehen. Anstatt die vermeintliche „Überalterung" der Gesellschaft zu beklagen, sollten wir die Potenziale und Chancen einer Gesellschaft des längeren Lebens mehr beachten und nutzen.

Noch nie in der Geschichte gab es so viele ältere Menschen, die so viel zu geben hatten wie heute. Noch nie waren Ältere so gesund, so gebildet, hatten so viel Zeit und so viel Geld. Wer heute 65 ist, hat im Schnitt noch 16 bis 20 Lebensjahre vor sich. Das ist ein gewaltiges soziales Kapital unserer Gesellschaft – ein Kapital allerdings, das noch allzu oft brach liegen bleibt.

Mit der demographischen Entwicklung haben sich auch die Lebensverhältnisse verändert. Die traditionelle Großfamilie ist aus unserer Gesellschaft fast vollständig verschwunden. Das kann man beklagen, es bleibt aber eine Tatsache. Mit der Großfamilie verschwinden allerdings auch die informellen Netzwerke, die so wichtig sind für Familien und die Vermittlung von Alltagskompetenzen und Erziehungswissen.

Das heißt allerdings nicht, dass das Verhältnis zwischen den Generationen gestört ist. Im Gegenteil: Fast 90 Prozent der Älteren haben mindestens einmal in der Woche Kontakt zu ihren Kindern. Großeltern passen auf die Enkel auf, helfen bei finanziellen Schwierigkeiten oder größeren Anschaffungen aus und können sich umgekehrt auf die nachwachsende Generation verlassen. Zwei Drittel aller pflegebedürftigen Menschen werden heute noch von ihren Angehörigen in der Familie gepflegt. Die Grundlage für Netzwerke von Alt und Jung ist also da.

Damit der Zusammenhalt zwischen den Generationen intakt und tragfähig bleibt, braucht es allerdings Gelegenheit zum alltäglichen Kontakt, zur selbstverständlichen gegenseitigen Hilfe. Die Rahmenbedingungen dafür haben sich verändert: Immer häufiger leben die verschiedenen Generationen einer Familie an verschiedenen Orten. Und da mehr Menschen als früher kinderlos bleiben, wird es in Zukunft auch mehr Ältere geben, die außerhalb ihrer eigenen Familie Kontakte zu Jüngeren aufbauen müssen und wollen. Dennoch bleibt Familie Mehrgenerationenfamilie: mehr noch als früher, denn in vielen Familien leben so viele Generationen gleichzeitig wie nie zuvor.

Mit Mehrgenerationenhäusern möchte ich neue Netzwerke zwischen Alt und Jung knüpfen. Mit Mehrgenerationenhäusern entdecken wir das Prinzip und das soziale Kapital der Großfamilie wieder neu – in moderner Form. Heute gibt es zahlreiche Angebote für Kleinkinder, für Jugendliche, für Eltern und für ältere Menschen – allerdings meist getrennt voneinander. Mehrgenerationenhäuser bündeln verschiedene Angebote unter einem Dach, damit sich die Generationen im Alltag aktiv begegnen.

Solche Begegnungsorte für die Generationen können Mütterzentren und Eltern-Kind-Zentren, Altentreffs, Jugendklubs, Krabbelgruppen und vieles mehr unter einem Dach beherbergen. Manche Kinder treffen hier ihre „Leihoma", eine ältere Frau, die ihnen einmal in der Woche vorliest oder bei den Hausaufgaben hilft. Der ältere Herr bringt Schülern Schach bei und bekommt im Gegenzug Hilfe, sein Handy zu bedienen. Im Nebenraum wird vielleicht gerade etwas gebrochen Deutsch geredet, weil dort der Gesprächskreis deutscher und ausländischer Eltern sitzt. Oder ein Experte von der Industrie- und Handelskammer berät junge Mütter beim Wiedereinstieg in den Beruf. So oder so ähnlich sieht ein Mehrgenerationenhaus aus – je nach den lokalen Möglichkeiten und dem lokalen Bedarf.

Mehrgenerationenhäuser schaffen Räume, damit sich mehr ältere Menschen mit ihren Kompetenzen und Erfahrungen einbringen können. Sie leben von bürgerschaftlichem Engagement und können sogar Knotenpunkte gegenseitiger Hilfe und freiwilligen Einsatzes auf lokaler Ebene werden. Selbsthilfe und Hilfe zur Selbsthilfe sorgen dafür, dass der Kreislauf des Gebens und Nehmens von Alltagssolidaritäten zwischen den Generationen wieder mehr Raum findet. Netzwerke von Alt und Jung sind auch Netzwerke sozialen Kapitals, die die Gesellschaft zusammenhalten.

Gelegenheiten zur Begegnung zwischen Alt und Jung schaffen auch Akzeptanz und Verständnis. Mehrgenerationenhäuser laden nicht zuletzt diejenigen ein, sich für Familienwelten zu engagieren, die keine Kinder haben oder deren Kinder weit entfernt leben. Solche Brücken im Alltag brauchen wir, um den demographischen Wandel zu gestalten: Dann beschwört die Bevölkerungsentwicklung keine Verteilungskonflikte zwischen Familien mit Kindern und kinderlosen Paaren, zwischen heutigen und zukünftigen Renterinnen und Rentnern herauf, sondern wird als Chance be- und ergriffen: als Chance für Generationengerechtigkeit und für ein gelungenes Zusammenleben in einer Gesellschaft des langen Lebens.

Mein Ziel ist es, in jedem Landkreis und in jeder kreisfreien Stadt in Deutschland ein Mehrgenerationenhaus zu schaffen, das in die Kommune und in die Region ausstrahlt. Dabei setze ich auf strategische Partnerschaften mit Trägern, Kirchen, Wohlfahrtsverbänden, Kommunen und Ländern.

Als Bundesfamilienministerin möchte ich aber auch über die Mehrgenerationenhäuser hinaus Netze zwischen Alt und Jung knüpfen: durch Generationen übergreifende Freiwilligendienste; durch Projekte zum Wohnen im Alter, die Alternativen zum Leben im Heim aufzeigen; durch die Ausbildung von Seniortrainerinnen und Seniortrainern, die im Rahmen des Programms „Erfahrungswissen für Initiativen“ ihre Kompetenzen im bürgerschaftlichen Engagement weitergeben. Netzwerke zwischen Alt und Jung entstehen auch in lokalen Bündnissen für Familie, wo sich verschiedene starke Partner zum gemeinsamen Engagement für ein familienfreundliches Lebensumfeld zusammenfinden. Und auch in der Wirtschaft, wo Unternehmen die Erfahrung, das Wissen und das Können älterer Beschäftigter zunehmend wieder entdecken.

Netzwerke zwischen Alt und Jung sind zentrale Momente einer zukunftsfähigen Gesellschaft: Der Zusammenhalt im Großen baut auf dem Zusammenhalt im Kleinen auf: in der Familie, zwischen den Generationen, in der Nachbarschaft, in der Gesellschaft. Eine Gesellschaft, die die Kraft hat, Zukunft zu gestalten, lebt von Subsidiarität: von der Eigeninitiative, den Gestaltungsspielräumen und der Eigenverantwortung kleiner Einheiten. Politik hat die Aufgabe, dafür den nötigen Raum zu schaffen. Dazu zählt die Unterstützung der Familien durch eine nachhaltige Familienpolitik, aber auch die Entwicklung neuer Formen, die helfen, Familie und Generationensolidarität unter veränderten Bedingungen zu bewahren. Mehrgenerationenhäuser sind eine solche neue Form, ein neues und chancenreiches Netzwerk von alt und jung.

TEIL I

Umdenken

KAPITEL 1

Soziale Fantasie statt Krieg der Generationen

Der demographische Wandel bringt es zweifellos mit sich: Der Umgang der Generationen muss sich unbedingt ändern. Sehr populär sind zur Zeit im vereinten Deutschland Unkenrufer wie Frank Schirrmacher, der in seinem Bestseller „Das Methusalemkomplott" einen veritablen „Krieg der Generationen" herannahen sah, ein Konflikt, der angeblich auf Neid, Kampf um Arbeitsplätze und Ressourcen sowie tief liegenden Konflikten zwischen Eltern und Kindern beruht.

Die Realität gibt ihm inzwischen jedoch keineswegs Recht: Denn anstatt sich gegenseitig zu bekämpfen, scheinen Junge und wir Ältere plötzlich wieder verstärkt aufeinander zuzugehen. Zahlreiche Projekte bundesweit und im Ausland belegen diese erfreuliche Entwicklung in eine gemeinschaftliche und partnerschaftliche Richtung. Haben wir 68er uns noch möglichst weitgehend von unseren „Altvorderen" abgegrenzt und mit zweifelhaftem Erfolg nach neuen Lebensformen gefahndet, sucht die uns nachfolgende Generation ohne Berührungsängste in vielen Fällen den Kontakt zu uns, offenbar mit dem Wunsch nach Orientierung und Zusammengehörigkeit in einer verwirrenden und komplexen Welt und in der Sehnsucht, ihre Wurzeln zu stärken und die großen anstehenden Probleme gemeinsam anzupacken. Vor allem die soziale Fantasie ist aufgerufen, nach neuen Wegen zu suchen.

So gesehen ziehen hierzulande also nicht nur die großen Parteien, sondern auch die Generationen lieber in gemeinsamen „großen Koalitionen" und „Netzwerken Jung und Alt" an einem Strang, als sich in gegenseitig ausgrenzenden (Bevölkerungs-)Gruppen zu blockieren. Zumal die anstehenden wirtschaftlichen Probleme es vernünftig erscheinen lassen, das Potential der Jugend (Wagemut, Leistungskraft, Innovation) mit dem von uns Älteren (Erfahrung, Gelassenheit, Know-how) zu beiderseitigem Nutzen in einen Topf zu werfen. Lustigerweise feiert die gute alte Wohngemeinschaft wieder fröhliche Auferstehung, wenn auch mit einer neuen Philosophie: Statt die Gesellschaft verändern zu wollen und den Umgang miteinander zu revolutionieren, sind Werte wie „Gemeinschaft“ und „Zusammenhalt“ wieder gefragt, wenn es darum geht, die neue Kommunen-Sehnsucht zu begründen. Offenbar wirken Demographie-Prognosen und die Erfahrungen der Hartz-IV-Gesellschaft in die gleiche Richtung: Wir fürchten uns vor einer kalten, kinderlosen und einsamen Zukunft, die wir auch nicht mehr bezahlen können und rücken wieder enger zusammen.

Da die stationäre Großfamilie mit ihrer interfamiliären Unterstützung unumstößlich der Vergangenheit angehört, die Trennung aller Lebensbereiche der immer mobileren Bürger im Privat- Geschäfts- und Freizeitleben bisher ziemlich umfassend war, erscheint es sinnvoll, Alternativen zu verwirklichen, wie sie beispielsweise in den USA unter dem Label „Senior Consultants“ oder „Mentoring“ bereits Schule machen. Und auch in Europa und Deutschland setzt sich mehr und mehr die Erkenntnis durch, dass eine neue Kooperation zwischen den Generationen nicht nur ethisch wünschenswert, sondern auch wirtschaftlich notwendig ist. Allein durch die Heraufsetzung der Lebensarbeitszeit werden viel mehr Jüngere und Ältere als bisher künftig in Betrieben zusammen arbeiten, in denen bisher über 50-Jährige zu den „Raritäten“ gehörten.

So werden vielerorts bereits im überschaubaren Rahmen „Netzwerke Jung und Alt“ aufgebaut, Alten- und Jugendarbeit vernetzt, gemeinsame Wohn-Projekte erprobt, „Alt-hilft-Jung“-Mentoring eingeführt, das beispielsweise auf der Schiene „Qualifizierte Senioren coachen Gymnasiasten“ anläuft und sich später über weitere Bereiche (Hauptschule, Realschule, Jugendtreffs, Seniorentreffs, Kindergärten, Schulen) erstrecken kann. Das Bundesministerium für Familie, Senioren, Frauen und Jugend fördert bereits seit 1994 solche Projekte und die neue Ministerin Ursula von der Leyen, die aus einer Großfamilie stammt und auch selbst eine gegründet hat, macht sich besonders für Mehr-Generationen-Wohnanlagen stark (siehe vorstehender Beitrag). Erfolgreiches „Networking“ wird zum Beispiel bei folgenden generationsübergreifenden Unternehmungen erprobt: Aktionen für gemeinsamen Sport, Malen, Projekte wie „Schüler coachen Senioren“ am PC oder Handy, Senioren berichten über Erfahrungen im Personal Management, helfen beim Berufseinstieg mit Kontakten und Know-how oder dienen der jungen Generation als „Zeitzeugen“, die „Geschichte“ als Lebensgeschichte erst erlebbar machen. Von einem „Krieg der Generationen“ kann also kaum die Rede sein, ganz im Gegenteil. Meine Recherchen im ganzen Bundesgebiet beweisen es.

Auch die einschlägige Wissenschaft neigt entschieden dieser Auffassung zu: Der Berliner Soziologe Bernd Schüler spricht in einem zusammen mit Volker Amrhein, Leiter des Projektbüros „Dialog der Generationen“ in Berlin, verfassten Beitrag in „Aus Politik und Zeitgeschichte“ vom Umgang von Alt und Jung als „neue Chance der Zivilgesellschaft, in der generationsübergreifende Freiwilligendienste so selbstverständlich werden könnten, wie es der dann abgeschaffte Zivildienst einmal war“. Freilich leisten die vielen Initiativen Jung und Alt Pionierarbeit, da das außerfamiliäre aufeinander Zugehen der Generationen wissenschaftlich und auch oft praktisch weitgehend unbekanntes Terrain darstellt.

Innerhalb der Familien freilich kann vom „Krieg der Generationen“ schon gar keine Rede sein: Immerhin reichen laut Statistik Ältere beinahe jeden zehnten Euro, den sie aus Rentenkassen beziehen, an jüngere Verwandte weiter. Eine Schweizer Studie kommt zu der Erkenntnis, dass die Ressourcen einer Generation immer auch der anderen zugute kommen. Ähnliche Interessenlagen der Generationen tun ein übriges. Beide müssen mit verblassenden Traditionen und der Flexibilisierung des gesamten gesellschaftlichen Lebens irgendwie zurecht kommen. Beide sind also gezwungen, sich immer neue Rollen und neuen Sinn im Leben zu suchen. Außerdem agieren Jung und Alt meist außerhalb von Wirtschaft und Politik, die sich fest in Händen der mittleren Generation befinden. Anreize also, die Jung und Alt zueinander führen. Bernd Schüler: „Wenn sich Fachkenntnisse und andere Ressourcen für gemeinsame Ziele kombinieren lassen und so jeweils Entwicklungen anstoßen können, hat das wichtige gesellschaftliche Funktionen: Die einen fügen sich in die sozialen und ökonomischen Kreisläufe ein, die anderen bewahren sich davor, vollständig ausgegliedert zu werden.“

Außerdem sind Jüngeren die nahe stehenden Alten aus der Verwandtschaft zumindest einigermaßen vertraut. Sobald dieser Kreis verlassen wird, greift jedoch oft Fremdheit um sich, die jedoch durch persönliche Begegnungen wieder aufgelöst wird. Immerhin werden die heute Jungen morgen die Alten sein. Und laut Altersforscher Paul B. Baltes ist die Jugend aus diesem Wissen heraus überwiegend bereit, Alten gegenüber verantwortungsvoll und rücksichtsvoll zu handeln. Fazit einer Schülerin nach dem Unterricht zusammen mit Rentnern: „Die sind ja genau so wie wir." Abgesehen von finanzieller Unterstützung helfen sich die Generationen innerhalb der Familien sowohl im Haushalt, bei der Kinderbetreuung als auch bei der Pflege der ganz Alten. Und trotz der durch die Arbeitswelt erzwungenen Mobilität hat bis heute jeder zweite Deutsche Kinder oder Eltern im gleichen Ort wohnen und kommt in den Genuß familiärer Unterstützung. Natürlich hängt das Geben und Nehmen in den Familien wesentlich vom herrschenden Gefühlsklima ab. Da jedoch der Beruf immer öfter ein Wegziehen vom Ursprungsort erfordert, leben sich Familien, vor allem Enkel und Großeltern leider oft auseinander. Ein Grund mehr, außerfamiliäre Netzwerke zu schaffen. Denn immer mehr mobilen Elternteilen fehlt besonders in größeren Städten zur Versorgung der Kinder und der Vereinbarkeit der Familie mit dem Beruf ein verlässliches Netzwerk, zumal immer weniger Nachwuchs zu immer kleineren Verwandtschaften führt. So sieht der Kinder- und Jugendbericht der Bundesregierung eine zunehmend „onkel- und tantenlose Gesellschaft" heraufziehen. Damit verringert sich der Umfang der Unterstützung und Kinder verlieren entwicklungsfördernde Lernmöglichkeiten. Insofern liegt es besonders nahe, bislang ungewohnte Verknüpfungen einzugehen und neue, außerfamiliäre Beziehungsformen und vor allem soziale Fantasie zu entwickeln.

Zumal Jung und Alt außerhalb der Familien kaum zusammen kommen. Über zwei Drittel der 15 bis 20-jährigen Deutschen haben selten oder nie mit über 60-Jährigen zu tun und umgekehrt. Es gibt kaum Freundschaften über die Generationengrenzen hinweg. Jede Altersgruppe hat ihre eigenen Aktivitäten und Einrichtungen und geht, was den Lebensstil angeht, getrennte Wege. Die Gefahr besteht, dass die Heranwachsenden es versäumen, im Umgang mit Älteren

Neues zu entdecken und Fremdes differenziert wahrzunehmen, laut Forschung eine zentrale Voraussetzung für die kognitive Entwicklung. Umgekehrt ist es für das Empfinden von Älteren sehr wichtig, Erfahrungen an Jüngere weiter zu geben und Spuren über die eigene Lebenszeit hinaus zu hinterlassen.

Netzwerke belegen beginnenden Wandel

Von einer neuen Kultur der „Netzwerke Jung und Alt" profitieren also alle Generationen, indem wir Älteren nicht, wie bisher in der Wirtschaft üblich, bereits mit über 50 aufs „Abstellgleis" geraten, sondern unsere wertvollen geistigen Ressourcen wie Erfahrung, Kontakte, Umsicht, Ausdauer selbstbewusst weitergeben. Die Jungen ihrerseits, die mitunter wenig Kontakt zu ihren eigenen Großeltern haben, können feststellen, das „älter sein" nicht etwas ist, das man fürchten muss, sondern dass man den immer länger werdenden dritten Lebensabschnitt durchaus aktiv und sinnvoll gestalten kann und auch etwas sehr Wertvolles zu geben hat. Damit wird der bislang noch vorherrschenden negativen Meinung über das Alter entgegengewirkt, und bei der Jugend werden Befürchtungen abgebaut, die von einer Gesellschaft, die bisher dem Jugend- und Fitnesswahn verfallen ist, gefördert werden. Auf der anderen Seite können eventuelle Vor-Urteile über materialistische Einstellungen, Undankbarkeit und mangelndes Engagement der Jugend abgebaut werden.

Die Jüngeren können mit Hilfe solcher Netzwerke Ressourcen und Kontakte der Älteren „anzapfen", leichter berufliche Perspektiven entwickeln, sowie von deren Erfahrung und Überblick lernen und sich eventuell bei der Jobsuche unterstützen lassen. SeniorInnen mit eher sozialen Vorlieben und Kenntnissen können der besonders in Deutschland vorherrschenden Kinder-Betreuungsmisere abhelfen und im Gegenzug mit zunehmendem Alter ihrerseits Unterstützung erfahren. Der Fantasie bei „Netzwerken Jung und Alt" sind keine Grenzen gesetzt. Zahlreiche Projekte im ganzen Bundesgebiet beweisen es. Jung und Alt stehen bei diesen Modellen unterschiedliche Rollen zur Verfügung: Viele sind familiären Mustern nachgeahmt, wie etwa bei Großelterndiensten, andere beziehen sich eher aufs Berufsleben, wenn professionelle Kenntnisse und Erfahrungen weiter gegeben werden, wie bei der Begleitung im Feld der Berufsorientierung. Für Ältere ergibt sich außerdem die wichtige Rolle als Zeitzeuge, der historische Ereignisse über persönliche Erfahrung zu vermitteln vermag. Bei einigen Initiativen übernehmen Jung und Alt ähnliche Rollen und verfolgen ein gemeinsames Ziel, wenn sie sich etwa für die Umwelt oder in der Friedensarbeit engagieren. Wobei es natürlich auch gilt, Schwierigkeiten wie gegenseitige Vorurteile und Ängste gelegentlich mit Hilfe von professionellen BeraterInnen abzubauen. Es stellt sich immer wieder die mühsame Aufgabe, Jung und Alt für die gegenseitigen Bedürfnisse zu sensibilisieren und eine Balance zu finden.

Gelungene Beispiele gibt es im ganzen Bundesgebiet: Städte und Gemeinden können mit Förderung von Netzwerken und Familienfreundlichkeit operieren, wie zum Beispiel die als „familienfreundliche Kommune" prämiierte Gemeinde Amtzell in Baden-Württemberg. Es kann im universitären Bereich wie an der Uni Ulm oder der PH Freiburg Mehr-Generationenarbeit gefördert und begleitet werden. Es kann, wie es die Stadt Mainz seit fünf Jahren tut, eine zunächst private Kooperation zwischen einem Altenheim und einem Gymnasium gefördert werden. Unter anderem kooperiert die 50plus Gruppe bei Greenpeace in Hamburg neuerdings mit der Jugendgruppe der Aktivisten, und im Berliner Kreativhaus sprechen im „Erzählcafé" ältere Menschen über ihr Leben und die Jugend hört zu. In München coachen ältere Karrierefrauen bei „FAM" (*Frauen-Akademie-München*) ehrenamtlich junge Geschlechtsgenossinnen beim Weg ins Berufsleben. Und im Mehr-Generationen-Wohnprojekt *„wagnis"* in München wagen 130 Erwachsene und 70 Kinder das Leben in einer Art lebendigen „Dorfgemeinschaft" mitten in der Großstadt. Großelterndienste ersetzen, indem sie familiäre Muster kopieren, die Hilfsfunktionen leiblicher Großeltern.

Viele generationenverbindende Projekte widmen sich auch der Weitergabe von beruflichen Fähigkeiten. Das Jugendbüro in Neu-Isenburg etwa vermittelt regelmäßige Treffen zwischen Mentoren und Jugendlichen, die vom Deutschunterricht über Unterstützung vor Prüfungen bis zu Bewerbungscoachings viele Themen beinhalten. Respekt und Sympathie schaffen die Basis für solche Beziehungen. Wie die Bildungsforschung zeigt, tragen unterstützende Bezugspersonen wesentlich zum schulischen und beruflichen Erfolg bei. In solchen Zusammenhängen werden die Fähigkeiten älterer Menschen zunehmend gefragt sein. Durch Ganztagsschulen und die propagierte Öffnung der Schule wird die bisher meist informelle Bildungsarbeit von Jung und Alt zunehmend institutionalisiert und mit Fort- und Weiterbildung für die BegleiterInnen gestützt werden.

Ein ganz wesentlicher Aspekt des Zusammenklangs von Jung und Alt ist die Zeitzeugenarbeit, die an Schulen inzwischen ein wichtiges Bildungsinstrument darstellt. Historische Zusammenhänge werden von Menschen erzählt und dadurch erfahrbar und bleiben kein abstrakter Zahlenkosmos, der Schüler eher zum Schlafen als zum Anteil nehmen reizt. Die Bedeutung des gestern für das Heute wird dadurch erkennbar. So schildern Mainzer Altenheimbewohner ihren jungen Besuchern des nahe gelegenen Gymnasiums ihre Eindrücke von Krieg und Nachkriegszeit und vermögen die Jugend damit mehr zu fesseln, als Geschichtsbücher dies leisten.

Seit die Enquete-Kommission des Bundestags „Demographischer Wandel“, ihre Analysen über Gegenwart und Zukunft der Generationen veröffentlicht hat, ist die Zahl Generationen übergreifender Netzwerke enorm angestiegen. Die Bemühungen um mehr bürgerschaftliches Engagement tut dazu ein Übriges. Als Beispiel mag das Generationen-Netzwerk Umwelt dienen, das Jung und Alt in umweltbezogenen Projekten zusammen bringt.

Diese Gruppen, auch europaweit und international eingebunden, entwickeln ein neues Miteinander und eine Gesprächskultur, die von der Begeisterung eines Aufbruchs getragen wird, die altgewohnte innerliche und äußerliche Grenzen mutig und die Kontinente verbindend überschreiten. Dies gilt besonders bei Umweltthemen und in der Friedensbewegung, wobei sich die Rollen auch durchaus verwischen oder sogar umkehren können. „Die jüngere Generation kann in zentralen Hinsichten zur pädagogisch älteren, die ältere zur pädagogisch jüngeren werden. Zahllose Beispiele lassen sich dafür anführen, etwa im Hinblick auf Technikbeherrschung, Mediennutzung,

Lebensstilfragen, Beziehungen zu Bildung und Arbeit", schreibt der Experte Eckart Liebau.

Mein Buch will an Hand zahlreicher Beispiele aus der Praxis ein Plädoyer für ein neues Miteinander der Generationen halten. Anders als die herkömmliche Großfamilie, basiert dies Miteinander nicht auf Bindung, Verpflichtung, oder etwaigen Schuldgefühlen, sondern auf Freiwilligkeit und gemeinsamer Interessenlage. In dem Buch soll mit dem „Networking" der Generationen ein neuer, respektvoller Umgang miteinander propagiert und Alternativen zur Isolation von Jung und Alt aufgezeigt werden, die in Richtung „neue Großfamilie" mit Nicht-Verwandten gehen. Gleichzeitig werden die verschiedenen Projekte „Jung und Alt gemeinsam" mit ihren Vor- und Nachteilen geschildert. Ebenso werden Interviews mit Menschen, die bereits Erfahrungen mit solchen Netzwerken haben, Meinungen von Experten wie Sozialpädagogen, Lehrern, Schülern, Eltern und Großeltern für Einblick ins Thema sorgen.

Die Psychologin Eva Jaeggi hält „doppelte Reflexion" für ein Kennzeichen der Moderne, die zunehmend zwischen den Generationen wirksam werde. Es geht demnach im 21. Jahrhundert um ein Denken, das über die Ambivalenz gegenüber den Lebensaltern hinaus führen müsse. Wenn sich Jung und Alt in Frage stellen lassen, sich Erfahrungen anderer öffnen und ihre Perspektiven integrieren, werden sich, so die Psychologin, die Generationenverhältnisse nachhaltig verändern. Für mein Dafürhalten stecken wir bereits mittendrin in diesem Prozess.

TEIL II

Beispiele aus Lebensbereichen

KAPITEL 2

Mittagstisch und Einkaufsdienst, Theater und Tauschring: Gemeinsam bei Freizeit und Aufgaben

Eine familienfreundliche Gemeinde in Schwaben

Mit schwäbischer Gründlichkeit macht die 3500-Seelen-Gemeinde mit 1100 Arbeitsplätzen Amtzell in Baden-Württemberg uns vor, wie das geht: Eine „familienfreundliche Kommune“ zu schaffen. Die dergestalt prämiierte Gemeinde wird im Rahmen einer Studie der Familienwissenschaftlichen Forschungsstelle im Statistischen Landesamt vom Baden-Württembergischen Sozialministerium gefördert. Träger des Amtzeller „Netzwerkes Jung und Alt“, innerhalb dessen Kindergärten, Schulen und Alteneinrichtungen zusammen rücken, sind außerdem die Gemeinde Amtzell, örtliche Einrichtungen, Kirchengemeinden, Vereine und Arbeitskreise.

Bürgermeister Paul Locherer versucht mit hohem Engagement, die Gemeinde für ihre Einwohner als Lebensraum und Gemeinschaft erlebbar zu machen. Ebenso sollen die Lebenssituation und das Lebensfeld von Kindern, Jugendlichen, Familien, SeniorInnen sowie von Benachteiligten in der Gemeinde verbessert werden. Zu diesem Zweck wird bürgerschaftliches Engagement in der Gemeinde ermöglicht und unterstützt und vor allem das Miteinander von Jung und Alt in diesem überschaubaren Rahmen gefördert.

Angeschlossen sind dem Netzwerk, das mittlerweile in der Gemeinde fest verankert ist, das örtliche Altenheim als eine Art Familientreff, ein Gesprächskreis „Jung und Alt“, eine Hospizgruppe, ein Kindergarten im Altenheim, die Nachbarschaftshilfe „Füreinander-Miteinander“, eine Kindergartengruppe, Senioren sowie eine Wohnanlage Jung und Alt.

Die Kooperation klappt, natürlich auch wegen der kurzen Wege, nahtlos: Im Kindergarten wird ein Mittagessen angeboten, geliefert wird es vom benachbarten Altenheim. Auch weitere Angebote werden immer besser miteinander verzahnt: So finden in diesem Rahmen zahlreiche Aktivitäten von Jung und Alt statt: Zum Beispiel Computerkurse für Senioren mit Schülern als Mentoren, Kartenspielkurse von Senioren für Jugendliche, gemeinsame Nachmittage in Schule und Altenheim, gemeinsame Aktionen wie „Graffiti im Altenheim". Auch die Wohnanlage „Jung und Alt" ist in die Generationen übergreifenden Aktivitäten eingebunden. Es findet eine enge Zusammenarbeit mit dem benachbarten Kindergarten statt. So gibt es regelmäßige gemeinsame Spaziergänge und Feste. Mentorenausbildung für Ältere, Soziale Kompetenz lernen für Jüngere mit Würdigung im Schulzeugnis sind ebenfalls Aspekte des Projekts. In einem Tauschring kann beispielsweise Babysitting gegen Hilfe am PC getauscht werden.

Der Amtzeller Förderverein *„Füreinander-Miteinander"* widmet sich dem Zusammenleben der Generationen mit sehr viel persönlichem Einsatz. Der Verein bietet eine Beratungsstelle für Familien an, einen Gesprächskreis für pflegende Familienangehörige sowie auch Sterbe- und Trauerbegleitung. Der *„Arbeitskreis Prävention"* vernetzt die Angebote zur Familienberatung, die Familien können sich mit ihren Anliegen direkt an den Arbeitskreis wenden. Und im *„Arbeitskreis Dorfgemeinschaft"* schließlich sind Kirchengemeinden, Kindergärten, Jugendkeller, Wohnanlage „Alt und Jung", Alten- und Pflegeheim, Seniorengruppen, Vereine, Gemeinde und Gemeinderat Mitglieder. Hier werden die Aktivitäten des Netzwerks Jung und Alt koordiniert. Alle zwei Monate wird von der Gemeinde zu gemeinsamen Treffen eingeladen, die abwechselnd in den Räumen der Mitglieder stattfinden. Die gemeinsamen Vorhaben und Ergebnisse werden im Gemeindeblatt veröffentlicht. Und der Arbeitskreis hat auch noch Zeit, gemeinsam eine Hospizgruppe, eine Broschüre für die Jugend – und Seniorenangebote und sogar einen Fotowettbewerb mit dem Thema „Jung und Alt in Amtzell" durchzuführen.

Im Altenheim St. Gebhard wurde ein Kindergarten untergebracht, um so einerseits den Kindern einen natürlichen Umgang mit Senioren zu ermöglichen und andererseits deren Vereinzelung entgegen zu wirken. Nicht nur dort, sondern auch in der Generationen übergreifenden Wohnanlage kommt es zu täglichem, ganz selbstverständlichen Zusammenwirken von Alt und Jung. So leben in der Wohnanlage „Jung und Alt" junge Familien und allein erziehende Mütter nebeneinander und helfen sich gegenseitig beim Baby- sitting und Einkaufen. Kinderbetreuung, Nachbarschaftshilfe, Seniorenwohnen, Pflegedienst unter einem Dach runden das Angebot ab. Auch ein gemeinsamer Mittagstisch und ein Einkaufsdienst werden angeboten.

Um die Bereitschaft zum ehrenamtlichen, bürgerschaftlichen Engagement zu fördern, wurde die Vermittlung von sozialen Kompetenzen zum festen Bestandteil des „Amtzeller Modells". Im Schulzentrum konnte Schulsozialarbeit integriert und die Kooperation mit anderen örtlichen Netzwerkakteuren hergestellt werden. Neben der Verwaltung ist auch der Gemeinderat aktiv in die Arbeit der Arbeitskreise eingebunden und diese stimmen ihre Aktivitäten intensiv mit den Gemeinderäten ab. Erfreulich ist, dass sich eine Vielzahl von Bürgern durchaus an der vielfältigen Wertschöpfung beteiligt, wenn zunächst die Gemeinde die Initiative übernimmt und Angebote macht, um eine lebendige Gemeinschaft zu schaffen.

Und die Finanzierung? Im Haushalt der Gemeinde stehen sowohl für einzelne Projekte als auch für Daueraufgaben Mittel zur Verfügung. Um den Haushalt zu entlasten, wurde der Förderverein *„Füreinander-Miteinander"* für die Ausbildung der ehrenamtlich Engagierten und in der Wohnanlage „Jung und Alt" ein Sozialfond eingerichtet. Fördervereine in den Kindergärten unterstützen dort die vielseitigen Aktivitäten. Die Folge: Trotz oder gerade wegen der geringen Einwohnerzahl hat sich ein vielfältiges Miteinander der Bürger ergeben. Das „Wir-Gefühl" vermittelt Nestwärme und ein Gefühl von Heimat und Aufgehobensein in einer immer komplizierter und kälter werdenden Außen- und Berufswelt. Amtzell profitiert von dieser Form des Zusammenwirkens, denn trotz enger öffentlicher Budgets konnten so manche neue Vorhaben verwirklicht werden. Das „Netzwerk der Generationen" soll daher auch in Zukunft weiter gestärkt werden.

In der Homepage der Gemeinde heißt es denn auch: „Den Austausch und das Zusammenleben der Generationen zu fördern wird immer wichtiger angesichts der Umbrüche in der Altersstruktur, die auf die Gesellschaft zukommen. Das Netzwerk Amtzell fördert den Zusammenhalt und die gegenseitigen Hilfeleistungen von Alt und Jung auf vielfältige und innovative Weise."

Die neue Großfamilie wird entdeckt

Ähnliche Wege geht die beim Landeswettbewerb des Hessischen Sozialministeriums und der gemeinnützigen Hertie-Stiftung ebenfalls als „familienfreundliche Kommune" ausgezeichnete Gemeinde Kaufungen im Landkreis Kassel: Ihr Projekt heißt *„Alt und Jung, gemeinsam statt einsam"*. Auf dem Programm der Gemeinde mit 13400 Einwohnern stehen die Vernetzung bestehender Einrichtungen wie Familienzentrum und Altenwohnanlage, ein Anbau am Altentreff für gemeinsame Veranstaltungen der Generationen, und die Kooperation von Pflegeheim, Familienzentrum, Gesamtschule, Grundschule und Sozialstation. Ziel ist ein verstärktes Miteinander von alten und jungen Menschen zum gegenseitigen Vorteil. In einer Wohnanlage leben ältere Menschen aber auch Familien gemeinsam. Die angrenzende Sozialstation ermöglicht Pflege im Bedarfsfall. Die Begegnungsstätte ist Kommunikations-Ort und Impulsgeber für ein soziales Miteinander. 2005 wurde der Gebäudekomplex „Alt und Jung – gemeinsam statt einsam" eingeweiht. Ein offener Treff und Veranstaltungen sollen Kinder dort stärker in Kontakt mit der älteren Generation bringen und die Eltern gleichzeitig entlasten. Ein gemeinsamer Mittagstisch soll ebenfalls verbindend wirken. Als ein erklärtes Entwicklungsziel der Gemeinde gilt eine „gute Mischung sozialer Schichten, Alters- und Interessengruppen. Die sich auflösenden dörflichen Strukturen sollen ersetzt werden durch eine tragfähige Vernetzung sozialer Einrichtungen und die Förderung des Miteinanders der Generationen."

In zahlreichen Projekten setzt Kaufungen das lebendige Miteinander von Alt und Jung um oder plant weitere Umsetzungen. Dabei werden ein Abbau gegenseitiger Vorurteile, die Vermittlung von Werten wie Akzeptanz von Unterschiedlichkeiten, Toleranz, Mitgefühl, Solidarität und gegenseitiger Hilfe angestrebt und auch verwirklicht.

Verständnis der Generationen untereinander, praktisches gemeinsames Erleben im Alltag und bei besonderen Anlässen wie gemeinsamen Festen, Kreativwerkstätten, Schulaufgabenhilfe wird verwirklicht. Dabei bildet der sehr aktive Verein Familienzentrum e. V. eine gute Ausgangsbasis, unterstützt von anerkannter Altenarbeit im Kaufungen. Eine Vernetzung dieser beiden lebendigen Kreise ist im Gang, ebenso eine Zusammenarbeit mit Kindergärten und der angrenzenden Gesamtschule und Grundschulen.

Ein Grundpfeiler der Arbeit ist die „Generationen übergreifende Erinnerungsarbeit", die zum Ziel hat, die Lebenserfahrungen alter Menschen aufzuwerten und die Kinder dazu ermuntert, zuzuhören und ihr Wissen danach auch anzuwenden. Zwischen beiden Gruppen entsteht so ein Gefühl der Gemeinschaft, das alle bereichert. Für Grundschüler kann das bedeuten, die neuen Kenntnisse auch in der eigenen Familie, zum Beispiel im Umgang mit den Großeltern, anzuwenden, Vorstellungen über die Vergangenheit spielerisch darzustellen, Theater zu spielen, die Vergangenheit mit lebendigen Menschen in Zusammenhang zu bringen und etwas vom historischen Wandel zu begreifen, neues Vokabular zu erwerben und auf fremde Menschen zugehen zu lernen.

Für ältere Menschen bedeutet die Begegnung mit Kindern, sich an die eigene Kindheit und Schulzeit zu erinnern und Veränderungen sowie Ähnlichkeiten wahrzunehmen, Zuwendung und Anerkennung durch die Kinder zu erfahren, mit Lehrern und Erziehern zusammen zu wirken und ihre Wertschätzung zu erleben, wieder Selbstvertrauen in die eigene Kompetenz zu entwickeln und sich der Qualität eigener Erfahrungen und Kenntnisse bewusst zu werden, sich an der Begeisterung und Verspieltheit der Kinder zu freuen.

Mit Werkstätten wendet sich die Gemeinde Kaufungen an Jung und Alt: Dabei ist ein Erinnerungstheater wesentlich, das nach dem Vorbild von *AGE EXCHANGE*, einer unabhängigen und staatlich anerkannten Wohlfahrtorganisation in England, deren Kultur und Bildungsarbeit sich an Jung und Alt richtet, ein Theaterstück aus den Erinnerungen alter Menschen entwickelt wird. Unter Anleitung einer Theaterpädagogin entsteht das Stück und die Theatergruppe der Gesamtschule kann es aufführen.

In einem Erzählsalon erzählen alte Menschen aus ihren Erinnerungen, junge Menschen erarbeiten Themenbereiche, hören und erstellen Texte. Lesungen mit den Jugendlichen, den Eltern und den alten Menschen stellen Öffentlichkeit her und setzen die alten Menschen in den Mittelpunkt.

In einer Fotowerkstatt werden Kinder nach ihren Lieblingsspielplätzen und Lieblingsspielen befragt, ebenso alte Menschen. Der Verein Familienzentrum vermittelt die Kontakte mit örtlichen Fotografen. Eine Ausstellung entsteht und belebt den Neubau der „Generationen übergreifende Begegnungsstätte", die seit Sommer 2005 in Betrieb ist. Sie ist eigens auf die Bedürfnisse des Projekts *„Alt und Jung – gemeinsam statt einsam"* abgestimmt. Bis zum Bau der Begegnungsstätte konnten nämlich viele Ideen aus Platzmangel nicht umgesetzt werden. Gedacht ist an ein zukunftsweisendes Hoffnungsfeld: Alt und Jung verbinden – Einsamkeit – nicht nur bei Alten, sondern auch bei Jugendlichen und Kindern – entgegenwirken.

Das Projekt steht finanziell auf zwei Säulen: Das Gebäude wurde mit Baukosten in Höhe von 520 000 Euro errichtet. Hiervon finanzierte die Gemeinde Kaufungen rund 325 000 Euro selbst. Rund 195 000 Euro erhielt die Gemeinde als Zuwendung aus EU-Mitteln zur Förderung regionaler Entwicklung. Die laufenden Projektkosten sollen von den beteiligten Gruppen und der Gemeinde Kaufungen aufgewandt werden. Hierzu gehören Unterhalts- und Bewirtschaftungskosten (rund 3000 Euro), wie auch die Kosten zur Gestaltung der Projektarbeit (rund 3000 Euro). Das Projekt „Alt und Jung" basiert außerdem wesentlich auf ehrenamtlicher Arbeit. Für die Kreativprojekte *„Jung und Alt leben und erarbeiten etwas gemeinsam"* werden Honorargelder benötigt, die durch Sponsoring, Preisgeld etc. eingenommen werden können. Die in Kaufungen sehr positiv aufgenommene Altenarbeit und der Bau des neuen Gebäudes schaffen gute Voraussetzungen für die Attraktivität ehrenamtlichen Engagements in diesem Bereich.

Die Kommunen sind der Lebenssituation von Familien am nächsten, daher gibt es hier einen großen Handlungsspielraum, der Fantasie in Richtung Innovationen sind keine Grenzen gesetzt. Beim Landeswettbewerb „familienfreundliche Kommune" erhielten Preisträger wie Bewerber Unterstützung bei der Umsetzung ihrer Ideen. Das Angebot für die Preisträger beinhaltete die Moderation und fachliche Begleitung vor Ort, aber auch Schulungen in Moderationstechniken und Projektmanagement. In Workshops zur Vernetzung und zum Erfahrungsaustausch wurden den Kommunen zum Beispiel wichtige Themen wie etwa Finanzierungsmöglichkeiten dargestellt. Auf diese Weise trägt die Politik dazu bei, dass Familienpolitik einen hohen Stellenwert als gesellschaftliche Querschnittaufgabe erhält, die ihr seit langem zukommen sollte. Familienfreundlichkeit ist ein immer wichtiger werdender Standortfaktor und für die Attraktivität einer Kommune sowie die Gewinnung von Menschen und Arbeitsplätzen mitentscheidend.

Mäuse statt Moos: Bargeldlos geben und nehmen

Eher den Musen widmet sich der „Dialog der Generationen“ im Landkreis Peine: „Tanzen für Jung und Alt gemeinsam“, Rap meets Classic, Altentheater und Mädchenband bestritten bisher dort das Generationen übergreifende Freizeitangebot. Alt und Jung kommen sich also quasi „spielerisch“ näher. Und virtuell auch, denn die Patensuche erfolgt im Internet. Eine Tausch- und Wissensbörse im Internet soll in Peine alte und junge Menschen zusammenführen und Patenschaften entstehen lassen. Zudem will ein Theaterpädagoge die Generationen in längerfristigen Kontakt miteinander bringen. Der Internet-Auftritt als Kooperationsbörse fungiert dabei wie ein schwarzes Brett. Dort sollen ältere und jüngere Menschen mit Foto und persönlichen Angaben im Stil einer Karteikarte abgebildet werden. Sie bieten Dienstleistungen zum Tausch an und im Mentoren-Pool können sich junge Menschen auf virtuellem Weg auch ältere Paten suchen oder umgekehrt. „ja“ ist das logo von j-ung und a-lt, das im Peiner Kreis verwendet wird. Wichtig sind aber auch die persönlichen Beziehungen, die sich aus den virtuellen Kontakten entwickeln sollen.

Im Projekt „Kontaktnahme Theater“, das an sechs Standorten stattfinden soll und vom Kloster – und Studienfonds finanziell unterstützt wird, spielen alte und junge Menschen an vier Standorten jeweils vier Tage zusammen Theater und „gießen ihre Empfindungen in eine künstlerische Form“, schreibt Theaterpädagoge Joachim Krenz dazu.

Im Tauschring sind bereits Angebote für Schreibarbeiten, Einkaufen, Fahrdienst, Reisebegleitung und Aufpassen auf Kinder oder Katzen zu finden. Mitglied im Tauschring können Privatpersonen, Gewerbe und Handwerksbetriebe, Firmen, Freiberufler und öffentliche Einrichtungen werden. Voraussetzung: Sie sollten sich an einem bargeldlosen Austausch von Sach- und Dienstleistungen beteiligen. Das heißt aber auch: Mitglied kann nur werden, wer solch eine Sach- oder Dienstleistung anbietet. „Nur nehmen geht nicht“, bringt Initiatorin Gabi Helms das Prinzip der Nachbarschaftshilfe auf den Punkt. Denn um nicht wegen Schwarzarbeit mit dem Gesetz in Konflikt zu kommen, ist der bargeldlose Austausch von Hilfeleistungen unabdingbar. Die Währung im Tauschring sind „Mäuse“, für jeden Teilnehmer wird ein „Mäuse-Konto“ also ein Zeitguthabenkonto geführt. Reales Geld fließt nur über die Mitgliedsbeiträge.

Auf den übersichtlich strukturierten Internetseiten des Tauschrings mit dem originellen Namen „Mäuse statt Moos“ schildern die Initiatorinnen Roswitha Holstein und Gabi Helms ihre Motive, wonach sie seit Juli 2003 anstreben, die selbstverständlichen gegenseitigen Hilfestellungen aus der „guten alten Zeit“ der Großfamilien und funktionierenden Verwandtschaften in neuer Form wieder aufleben zu lassen. Zeitdruck, kleinere Familien, die weit auseinander wohnen und Kontaktarmut führten dazu, dass nach neuen Formen des Austauschs gesucht werden müsse.

Auf seinen Seiten bietet „jung und @lt peine“ einen Tauschkatalog, wo von Auto über Beratung, Garten, Handwerkliches, Mode, PC, Tier, Urlaub bis hin zu Vermietungen und Wissen alle Sparten des Lebens vertreten sind. In einem Mentoring- und Patenschaften-Pool können sich Beratende und Ratsuchende, beispielsweise bei Geschäfts-Neugründungen oder Problemen mit Behörden virtuell treffen. Die Seiten befinden sich noch in der Testphase, in der der Tauschring Peine e. V. mit help e. V. und der „Lernenden Region“ kooperiert.

Und auch im örtlichen Mehrgenerationenhaus, dem *„Wohnpark Rosenhof Telgte"* geht die Vernetzung von Jung und Alt weiter: Seit Ende 2005 bietet der Trägerverein *„Alt mit Jung e. V."* des Wohnobjekts dreimal in der Woche eine Hausaufgabenhilfe für die Schüler der örtlichen Fröbelschule an, die die Schülerinnen und Schüler der 11. und 12. Klassen des Ratsgymnasiums übernehmen. Gegen einen Unkostenbeitrag von fünf Euro können sich die Grundschüler von den „Großen" montags, dienstags und donnerstags ab 14 Uhr bei den Hausaufgaben helfen lassen. So gesehen auch eine Kooperation zwischen zwei „Schüler-Generationen".

KAPITEL 3

Senioren-Trainer helfen der Jugend

Kostenlose Ausbildungen zum oder zur „Senioren-TrainerIn" bietet die Stadt Germering in Oberbayern an: Die vorbildliche soziale Ausrichtung der Kommune hat zu einem ansteigenden ehrenamtlichen Engagement der Bürger geführt. In der „Germeringer Insel" floriert seit einiger Zeit die Initiative *„Jung bis Alt"*, im Rahmen des Modellprojekts *„Forum Familie"* des Bayerischen Sozialministeriums. Ersatz-Omas und Ersatz-Opas springen wie eine Art Feuerwehr sofort ein, wenn beispielsweise allein erziehende Mütter und Väter krank werden oder Betreuungsprobleme mit ihren Kindern haben. Die aktiven Senioren helfen nicht nur Kindern bei den Hausaufgaben oder Migranten (Kindern und Erwachsenen) beim Deutschlernen. Sie besuchen auch Bewohner von Altenheimen, lesen dort vor oder gehen mit den alten Menschen spazieren. Zudem sind sie auch bereit, bei Abwesenheit die Blumen zu gießen oder im Notfall Einkaufen zu gehen und haben auch einen regelmäßigen Telefondienst eingerichtet, mit dem sie den Kontakt zu den älteren Menschen aufrecht erhalten. Der Anfang wurde vor drei Jahren mit Vorlesenachmittagen für Senioren und Nachhilfe für den qualifizierten Hauptschulabschluss gemacht.

Zum Helferkreis von „Jung bis Alt" ist jetzt auch ein Kreis engagierter Mütter hinzu gekommen, die die zuvor erhaltene Hilfe zurück geben wollen. Diese private Hilfe ist allerdings noch für viele Menschen ungewohnt, zumal sie kostenlos ist. Manche trauen sich (noch) nicht, die angebotene Hilfe in Anspruch zu nehmen. „Gerade die Leute, die sie wirklich brauchen, sind oft schlecht informiert, sagt Roswitha Kulbach. Die ehemalige Besitzerin einer Bäckerei hat sich durch ein Förderprogramm des Bundesfamilienministeriums zur Senior-Trainerin ausbilden lassen und wirbt seitdem unablässig um Mitstreiter und „Kundschaft". Die Kinder sind längst erwachsen, das große Haus mit Garten von ihr und ihrem Mann wohl bestellt.

Roswitha Kulbach ist der Prototyp der vitalen Seniorin, die über das „Forum Familie“ und dort besonders im Projekt „Jung bis Alt“ anderen Menschen ihre Dienste anbietet. Die von ihr geleitete Generationen übergreifende Arbeitsgruppe ist natürlich in Zeiten leerer Kassen in Germering gern gesehen. So freut sich denn auch der Sozialreferent Bruno Dietrichsons über den Schwung älterer Germeringer: „Die Förderung und Stärkung des Selbsthilfepotentials ist gut gelungen“. Roswitha Kulbach sprüht nämlich nur so vor Ideen, was man noch für andere Menschen tun könnte.

Dass dabei nicht jedes Projekt und jedes Angebot zunächst auf Gegenliebe stößt, müssen ehrenamtliche HelferInnen immer mal wieder verkraften. Beispielsweise fanden sich keine Interessenten unter den zwölf bis 16-jährigen Germeringern für die Begleitung von Freizeit-Angeboten ,und die Helfer arbeiten jetzt eben bei einem anderen Projekt mit.

Auch andere Rückschläge gilt es zu verschmerzen. So ist Roswitha Kulbach mit ihrer Initiative „Baum-Haus“ vorerst nicht recht voran gekommen. „Ich wollte hier bei mir ein offenes Haus für Kinder gründen.“ Da hatte sie überall Zettel aufgehängt und Kinder zwischen acht und zwölf Jahren eingeladen, mittwochs zwischen 15 und 18 Uhr bei ihr zu spielen, Hausaufgaben zu machen oder einfach nur zu reden. „Ich wollte Ansprechpartner für Kinder sein, die zu Hause vielleicht keinen Ansprechpartner haben“, sagt sie. Das kam nicht zustande, weil sich kein Kind gemeldet hat.

Statt dessen las Roswitha Kulbach dann eben zum 50. Jubiläum des Kindergartens „Kleiner Muck“ das gleichnamige Märchen vor. „Ich will gerne zurück geben, was mir das Leben gegeben hat“, meint sie zu ihren Motiven für ihr ehrenamtliches, soziales Engagement. Dafür hat sie sich auch qualifiziert. In drei Wochenlehrgängen ist Roswitha Kulbach über die *„Germeringer Insel“* zur „Senior-Trainerin“ ausgebildet worden. Inzwischen ist die Initiative *„Jung bis Alt“* ein florierender „Betrieb“: Neun ehrenamtliche Mitarbeiter und Mitarbeiterinnen helfen hier in allen Lebenslagen von Erwachsenen und Kindern.

Die Initiative des Bundesfamilienministeriums, der sich bereits zahlreiche Städte und Gemeinden Deutschlands angeschlossen haben, vermittelt Erfahrungswissen für Initiativen. Das Netzwerk „Jung bis Alt" wurde daraufhin gegründet und stellt Menschen kostenlose Hilfe in Aussicht. Kulbach selbst betreut unter anderem zwei albanische Mädchen. Der Größeren hilft sie bei den Hausaufgaben, Spielen, Basteln und im Sommer Schwimmen gehen stehen ebenfalls auf dem Programm. „Die Kinder haben mich als Freundin voll akzeptiert", freut sich die Seniorin, „so machen wir uns das Leben gegenseitig zur Freude."

Ideen für die Zukunft hat die Initiative *„Jung bis Alt"* genug: Senioren wollen die Nachmittagsbetreuung an den Schulen mitgestalten, bei der Aktion *„Wohnraum für Hilfe"* ist daran gedacht, dass Senioren in ihren viel zu großen Häusern für Studenten Wohnraum anbieten und dafür statt Miete Mithilfe in Haus und Garten erwarten können. Als Leih-Omas und Leih-Opas könnten Senioren eine feste Anlaufstelle für Kinder bieten, deren Eltern berufstätig sind. Dabei kann nicht nur aktiv geholfen, sondern auch Lebenserfahrung und Gelassenheit weiter gegeben werden.

Mit einem Flyer wendet sich die Stadt Germering an Senioren: Jung bis alt – Mach mit – hilf mit. „Fühlen Sie sich manchmal einsam und allein? Sind Sie zu aktiv um den Tag zu verbummeln? Dann machen Sie bei uns mit! Ruft das fröhlich-aktive Papier auf. Und zur Entspannung treffen wir uns auch einfach mal so – nur zum Spaß. Netzwerke, auf die Verlass ist, sind immer wichtig. Vielleicht haben sie auch eine ganz andere Idee, wie Sie helfen können!"

Und weiter: „Sie verpflichten sich zu nichts! Machen Sie mit beim Forum Familie, um mehr Kontakt zwischen den Bürgern Germerings zu schaffen. Unsere Gruppe hat einen festen Ort, an dem wir zu erreichen sind: Im Büro in der Germeringer Insel ... Treffpunkt für alle von uns: Am letzten Donnerstag im Monat zwischen 15 und 17 Uhr."

So gesehen kann die Insel-Agentur also mit ihrer überschaubaren Größe als Vorbild für andere Gemeinden dienen: Sie ist eigentlich eine Vernetzungseinrichtung aller Organisationen mit sozialen Aufgaben in Germering. Alte und junge Menschen, die neue Erfahrungen machen und etwas Neues ausprobieren wollen, die ihre freie Zeit mit Leben füllen und das tun wollen, was Sinn macht, sind gern gesehen. Und auch die ehrenamtlichen Helfer profitieren von ihrem Engagement: Sie lernen neue Menschen kennen und entwickeln sich weiter, sie erleben ihre Stärke und lernen mehr über die Organisation des Gemeinwesens in Gemeinden. So ist die Germeringer Insel eben nicht nur Vermittlungsstelle für ehrenamtliche, gemeinnützige Arbeit, sondern ist auch örtliche Anlaufstelle für das Bundesmodellprogramm *„Erfahrungswissen für Initiativen" (EFI)*, innerhalb dessen man sich zum Senior-TrainerIn ausbilden lassen kann.

Inzwischen haben zahlreiche Ehrenamtliche ihre Arbeit mit Hilfe des Senior-Trainer-Programms eine neue Aufgabe gefunden: So unterstützt ein ehemaliger Schulungsingenieur und Maschinenbauer mit seiner Projektidee *„Beratung und Unterstützung von Kleinstunternehmen"* und sorgt vor allem für eine gute Kontaktpflege. Er erstellt Computerprogramme für die jeweiligen Firmen und freut sich über die vielen neuen Kontakte, die er selbst auch bei der Arbeit knüpfen kann, indem er Ich-AGs unter die Arme greift.

Als eine Art „Schwarzes Brett" fungiert eine Internet-Plattform, die eine ehemalige Bürokauffrau erarbeitet hat: Hier sollen unter dem Stichwort „Gutes Günstig" gebrauchte Gegenstände, die in Privathäusern gelagert sind, an den Interessenten gebracht werden. Es soll kein zweites e-bay entstehen, sondern darauf geachtet werden, dass gute Ware sinnvoll an Bedürftige vermittelt wird. So können Anbieter ihren Keller leeren, anderen Germeringern helfen und gute, gebrauchte Dinge werden – ganz im Sinne der Nachhaltigkeit – weiter verwendet. Die Kommunen sind heute mehr und mehr auf solches ehrenamtliches Engagement angewiesen, gerade im Hinblick auf sich zusehends verengende finanzielle Spielräume.

In einer neuntägigen Weiterbildung erhalten die Senioren das Rüstzeug für ihre neuen Aufgaben. In Frage kommen dabei Menschen, die sich bereits im Ruhestand befinden, demnächst aus dem Berufsleben ausscheiden oder die aktive Familienphase beendet haben, und ihr Wissen und ihre Lebenserfahrung der Gesellschaft zugute kommen lassen wollen.

Ein weiteres Projekt in Germering ist der erfolgreiche Versuch, Kinder über „Harry Potter" hinaus an das Lesen heran zu führen. Im

Rahmen der Mittagsbetreuung lesen Senior-TrainerInnen den Schülern aus Büchern vor, die die Schüler vorher auswählen. Wenn sich dann Kinder melden, die selbst vorlesen wollen, ist das ein großes Erfolgserlebnis. Auch Rollenspiele und Gespräche zu den Büchern stehen auf dem Programm. In der Gemeinde-Bibliothek gibt es samstags eine Vorlesestunde für Sechs- bis Neujährige. Während die Eltern auf dem Markt sind, können die Kinder dort in die Welt der Bücher eintauchen. Auch hier ist der Lohn für die Arbeit das Gefühl, eine sinnvolle Aufgabe zu haben und durch die ehrenamtliche Tätigkeit ein gutes Gefühl und viele neue Kontakte zurück zu bekommen.

Auch um Asylbewerber kümmern sich die Germeringer Senior-Trainer: Da Germering in einer ehemaligen Pionierkaserne ein Asylbewerberheim unterhält, deren Bewohner außer bei Behördengängen keinerlei Kontakt zur deutschen Bevölkerung haben, hat es sich ein Seniortrainer zur Aufgabe gemacht, mit einem offenen Treff im Asylbewerberheim für die rund 60 jungen ledigen Männer ein offenes Ohr zu haben. Die meisten der jungen Männer sind zwar nicht mehr schulpflichtig, können aber kaum Lesen und Schreiben und suchen in Deutschland vor allem eins: Arbeit. Also wurde zunächst ein täglicher Deutschunterricht ins Leben gerufen. Ein Computerraum wurde ebenfalls im Heim eingerichtet. Auch so mancher gemeinsame Ausflug wurde bereits auf die Beine gestellt. Und so kommt es, dass Azis aus Afghanistan sogar in Germering Abitur machte und nun studiert. Und Daniel aus Äthiopien inzwischen seine Meisterprüfung als Kfz-Mechaniker ablegen konnte …

Auch in Heidelberg versucht das überaus aktive Seniorenzentrum Weststadt, Alt und Jung füreinander zu begeistern. Unter der Überschrift *„Alt lernt von Jung – Jung lernt von Alt“* ruft das Seniorenjournal Weststadt vom März 2006 zur Gemeinsamkeit auf: „Immer mehr Kinder und Jugendliche wachsen ohne engen Kontakt zu ihren Großeltern und anderen älteren Menschen auf. Viele Seniorinnen und Senioren wünschen sich mehr Begegnungen mit der Jugend. Vor diesem Hintergrund möchte das Seniorenzentrum Weststadt in Zusammenarbeit mit den in der Weststadt liegenden Schulen Aktionen ins Leben rufen, bei denen sich die Generationen wieder mehr begegnen. Hier einige Ideen:

Senioren als Zeitzeugen: Senioren nehmen am Geschichts- oder Gemeinschaftskunde-Unterricht an einer Schule teil und berichten den Schülern über eigene Erlebnisse und gemachte Erfahrungen.
Schüler als Anleiter: Schüler geben den Senioren ihr Wissen und Können im Umgang mit Computer, Internet und Handy weiter.
Senioren als Anleiter: Am Helmholtzgymnasium gibt es im Rahmen des Biologieunterrichts eine Garten-Teich-Arbeitsgemeinschaft. Hier ist der fachliche Rat eines im Gartenbau erfahrenen Seniors gefragt.
Schüler besuchen allein stehende Senioren: Schüler organisieren einen Besuchsdienst für Senioren, die gerne regelmäßig von jungen Menschen besucht werden möchten. Wer hat Lust und Zeit, sich zu engagieren?" Auch ein Beispiel, das Schule machen sollte.

KAPITEL 4

Öko-Dorf in der Stadt

„In der Balance zwischen individueller Freiheit und verantwortungsvoller Gemeinschaft liegt die Chance, man selbst zu sein." Mit diesem Motto von Erich Fromm aus „Haben und Sein" schmückt sich das Projekt *„Dorf in der Stadt"* im schwäbischen Heidenheim. Das Generationen verbindende Wohnprojekt entstand 1994 aus einem kleinen Kreis von Menschen, die den Verein *„Die Brücke"* gründeten, mit dem Ziel, die Gemeinschaftsbildung zwischen jungen und alten Menschen zu fördern, sowie ehrenamtliche als auch nachbarschaftliche Hilfe für den Mitmenschen anzuregen. Zunächst wurde die „Gegenseitige Hilfe", eine Art Nachbarschafts-Netzwerk, aufgebaut. Aus dieser Arbeit ergaben sich tiefer gehende Fragen über die Isolation vieler Mitbürger, zunehmende Anonymität, die Situation von Jung und Alt untereinander und die großen sozialen Veränderungen, die auf unsere Gesellschaft zukommen. Aus diesem Grund bildete sich innerhalb der *„Brücke"* eine Initiative, die sich mit dem Thema Generationen übergreifendes Wohnen befasste. Ende 2002 wurde dann die Stiftung *„Dorf in der Stadt"* gegründet, die gemeinnützig ist und ausschließlich gemeinnützige Zwecke in den Bereichen Jugendhilfe, Altenhilfe, Betreuung von Menschen mit Behinderung, Bildung, Gesundheitswesen, Kunst/Kultur sowie Umwelt – und Naturschutz verfolgt. Sein ganz eigenes Profil erhält das Projekt durch seine starke ökologische Ausrichtung.

Das Konzept der Gemeinschaft beinhaltet individuelles Leben, in dem sich jedes Individuum frei entfalten kann. Aber auch Hilfe und Unterstützung durch die Gemeinschaft, wobei die Bereitschaft, sich gegenseitig zu helfen je nach Begabung und persönlichen Möglichkeiten angewandt wird. In der Ausgewogenheit von individuellen und sozialen Bedürfnissen, der Balance von Nähe und Distanz, Geben und Nehmen wird sich Lebensqualität neu und weiter entwickeln, da waren sich die Gründer einig. Damit bereitet *„Dorf in der Stadt"* automatisch allen Generationen ein lebenswertes Umfeld. Durch Mitbestimmung und die Übernahme von Verantwortung setzten die Initiatoren auf sich neu bildende Organe, die die Gemeinschaft inklusive aller rechtlichen und wirtschaftlichen Belange miteinander gestalten und weiter entwickeln. „Wer hier lebt, will hier leben", heißt die Devise.

Das „Dorf in der Stadt" liegt am südwestlichen Stadtrand von Heidenheim, einer ca. 50 000 Einwohner zählenden Stadt im Regierungsbezirk Stuttgart, eingebettet in einer schönen Landschaft inmitten von Wiesen und Wäldern in direkter Nachbarschaft zu einem Demeter-Hof. Einkaufsmöglichkeiten sind zu Fuß oder mit dem öffentlichen Nahverkehr gut zu erreichen. Heidenheim ist ein wirtschaftliches Zentrum auf der Ostalb.

Das *„Dorf in der Stadt"* bietet zahlreiche Aktivitäten wie beispielsweise regelmäßige Bewohnertreffen mit Konzerten zum Kennen lernen und Arbeiten an Sachfragen, wiederkehrenden Besichtigungen des Dorfes durch Schulen und interessierte Bürger, Veranstaltungen zum Thema Nachhaltigkeit, gemeinsame Kaffeerunden und gemeinsame Arbeit an der Dorfverein-Satzung.

Die Besonderheit des Projekts ist die starke soziale Komponente. Wobei gleich beim Spatenstich im Oktober 2003 gemeinsam die Dorflinde gepflanzt wurde. Im Dezember 2004 waren die ersten beiden Häuser fertig, im Herbst werden Haus drei und vier mit insgesamt 40 zusätzlichen Wohnungen bezugsfertig sein. Bis Ende 2006 ist der Bau und die Fertigstellung des Gemeinschaftshauses mit Pflegewohngruppen, „Dorfwirtshäusle", Dorflädchen und Dorfbüro geplant.

Wohnbereiche für Familien, Paare und Alleinstehende stehen zur Verfügung. Gegenseitige Hilfe, Kinderbetreuung, Pflegedienst, Verpflegungsmöglichkeiten, Hausmeisterdienst sind nicht wegzudenken, von Tagespflege, Hospiz und geplanten Gemeinschaftsräumen abgesehen.

Beim Bau werden ausschließlich umweltfreundliche und gesundheitsverträgliche Materialien verwendet: Holzständerbauweise, Dämmung mit Hanf und Zellulose, Brettstapeldecken, Netzfreischalter, abgeschirmte Kabel, Regenwassernutzung und begrünte Dächer gehören zum Standard. Die Wärmeerzeugung erfolgt über eine Heizzentrale mit Holzhackschnitzel-Kesselanlage, Solaranlagen sind möglich. Das Dorf ist als autofreie Siedlung angelegt: Stellplätze gibt es am Dorfrand, die Reduzierung des Individualverkehrs ist Ziel, Car-Sharing wird unterstützt. Die Wohnungen werden als Eigentum erworben und von den Käufern frei finanziert. Die Wohnbereiche und auch die Gemeinschaftseinrichtungen werden von den Bewohnern in Selbstverwaltung gestaltet. Das Projekt wird durch die Hannoversche Kasse vorfinanziert, die das Projekt „Dorf in der Stadt“ mit dem Ziel unterstützt, zukunftsorientierten Formen des Generationen übergreifenden Wohnens Entwicklungsraum zu geben.

Ein weiteres, zentrales Ziel der Gemeinschaft: Die Generationen zu verbinden. Kinder und Jugendliche wachsen im Dorf in Kontakt mit allen Generationen in einem gesunden und kindgerechten Umfeld auf. Für ältere und behinderte Menschen ist es erstrebenswert, ihr Leben selbständig und möglichst lange in den eigenen vier Wänden zu gestalten – unterstützt werden sie hier durch gegenseitige Hilfe und professionelle Pflege.

KAPITEL 5

Schüler im Altenheim

Sehr engagiert ist auch die Stadt Mainz: So erhielt der Verein *„Jung trifft Alt e. V."* den Zukunftspreis des IZT (Institut für Zukunftsstudien). Angefangen hat alles im Jahr 2000 mit der Idee von Ernst Müller (68), einem ehemaligen Professor der Sozialwissenschaften und Pfarrer in Personalunion, der nach seiner Pensionierung als Hochschullehrer als evangelischer Seelsorger und Leiter des Sozialdienstes in dem katholischen Altenheim St. Bilhildis in Mainz amtierte und das nahe gelegene Frauenlob-Gymnasium aufforderte, ein Netzwerk zu gründen. „Meine Idee war es, durch dieses Projekt Wertefragen in den jungen Menschen zu verankern, indem sie regelmäßig alte Menschen im Heim besuchten und mit ihnen Kontakt pflegten". Die Urzelle des Vereins *„Jung trifft Alt e. V."* war mit dem Projekt „Schau doch mal rein" geschaffen.

Bald engagierte sich auch der Latein- und Religionslehrer Hans-Wilhelm Hartmann (62) für das Projekt. Er hatte das Gefühl, dass der soziale Bereich innerhalb der staatlichen Schule mit 1250 Schülern etwas zu kurz kam und führte mit der Schulleitung schließlich eine Zusatz-Qualifikation in Sachen Soziales Lernen im Rahmen des Religionsunterrichts ein.

Schulleiter Joachim Bliemeister unterstützte das Projekt von Anfang an. Seiner Auffassung nach versuchte seine Schule damit, einem bekannten und oft beklagten Problem unserer Gesellschaft entgegen zu wirken, nämlich, dass sowohl Institutionen als auch Individuen nebeneinander her leben und nichts von einander wissen und dadurch auch nichts füreinander tun können. Bliemeister: „In diesem Projekt wird soziales Handeln eingeübt, wenn zum Beispiel die Schüler zum Schulbasar die Bewohner des nahe gelegenen Altenheimes einladen, sie im Heim abholen, mit Rollstühlen zur Schule fahren und sie durch die Veranstaltung und wieder nach Hause begleiten Und nicht nur in den klassischen Fächern Religion und Ethik werden soziale Verantwortung eingeübt, sondern auch in Fächern wie Mathematik, Geographie, Kunst und Musik. Etwa bei der Erstellung eines Sozialatlasses für den Stadtteil Mainz-Neustadt, in dem das St. Bilhildisstift liegt, den ein Erdkunde-Leistungskurs in Angriff genommen hat. Künstlerisch gestaltete Fotos alter und junger Menschen sind ein Projekt eines Kunst-Kurses. Projekt-Betreuerin Doris Lütyens sieht das so: „Die nachhaltige und langfristige Perspektive unseres Projekts sehen wir darin, dass zwei etablierte gesellschaftliche Institutionen vernetzt werden und dadurch gesellschaftliche Probleme wie Isolierung alter Menschen oder Jugendwahn selbst angehen und einer Lösung näher bringen."

Es wurde eine Arbeitsgemeinschaft geschaffen, die sich einmal pro Woche trifft und regelmäßig Mittwoch nachmittags ins Altenheim geht. „Wenn die Kinder kommen, ist das für uns wie Weihnachten", sagt Carmen Carola Pätzold (73), eine pensionierte Krankenschwester, die seit einigen Jahren im Heim lebt. Zur Zeit genießt sie die regelmäßigen Interviews sehr, die die 16-jährigen Schülerinnen Daniele Scheffer und Julia Rabe mit ihr halten, indem sie sie über ihre Lebensgeschichte mit allen Höhen und Tiefen befragen und sie auch fotografieren. Die jungen Leute haben unter der Anleitung von Lehrer Hartmann das Ziel, für jeden alten Menschen, der sich an dem Projekt beteiligt, ein „Lebens-Album" in Wort und Schrift zusammenzustellen.

„Ich finde es schön, dass die alten Menschen uns so viel erzählen. Aus ihrer Jugend, über den Krieg", sagt Daniela Scheffer. Und Mareike Smilde (13) pflichtet ihr bei: „Viele Alte verstummen im Heim, weil sich niemand mehr wirklich für sie interessiert und ihnen zuhört. Sie sind oft ziemlich einsam. Denn das Pflegepersonal hat viel zu viel zu tun. Und in diese Lücke springen wir." Aber es ist natürlich auch hart, wenn man jemanden gut kennt, ihn Woche für Woche besucht und man schließlich von ihm Abschied nehmen muss. „Herr Knapp wurde blind und wir haben uns auch schon um manche Trauerfeier gekümmert", sagt Mareike.

„Für mich war anfangs der Gedanke Altenheim ein Horror", sagt Kirsten Jones (16), aber dann kam mit dem Kontakt auch die Nähe und das Verständnis fürs Alter. Und die jungen Menschen merken, wie schwer es sein kann, als alter Mensch in ein Heim zu gehen und sich weitgehend von seinem vorigen Leben zu verabschieden. „Bei einer alten Dame merken wir, dass sie sich eingeschränkt fühlt. Sie kämpft um ihre eigene Bettwäsche, um ihr eigenes Geschirr. Da ist natürlich das Loslassen schwer", erkennt Kirsten.

Gisela Braun jedenfalls, mit 70 Jahren noch ganz neu in St. Bilhildis, freut sich schon immer auf den Besuch aus dem nahe liegenden Gymnasium. Und sie weiß auch, dass die Biografie, die die Mädchen schreiben, zur Religionsnote beitragen wird. Deshalb gibt sie sich viel Mühe und bringt auch viel Geduld auf. Die gelernte Bankkauffrau, die Mutter einer erwachsenen Tochter ist und zwei Enkel hat, die im selben Alter sind, wie ihre jungen Besucherinnen, erzählt den Mädchen von der Zeit, als sie in Mainz ausgebombt waren und alle im Gartenhaus lebten und nichts zu essen hatten. „Wir kamen dann bei Verwandten unter, denn mein Vater war im Krieg", erinnert sich Gisela Braun an diese „schlechte Zeit", wie sie es nennt.

Stolz auf das Projekt „Jung trifft Alt" ist auch der Leiter des Sozialdienstes in St. Bilhildis, der gelernte Theologe und ehemalige FAZ-Redakteur Günther Robl (47). „Ich bin sehr dankbar für diese gute Kooperation. Für die alten Menschen bietet das Leben plötzlich wieder eine Aufgabe, wenn sie den Kindern ihre Erlebnisse, sozusagen als erlebten Geschichtsunterricht, berichten können. Oft haben sie auch wenig Kontakt zu ihren weit weg lebenden Enkelkindern", freut sich der engagierte Theologe, dem in seinem Zeitungsjob der unmittelbar erfahrbare Sinn fehlte. Ganz wesentlich findet er auch, dass die Jungen sehen, wie das ist, alt zu werden, immer mehr abzubauen und dann schließlich allmählich zu verlöschen und zu sterben. Und die jugendlichen Teilnehmer des Projekts weichen nicht davor zurück: Es hat sich heraus gestellt, dass sie manchmal häufiger da sind als die Angehörigen, öfter haben sie schon Sterbende begleitet und schließlich sogar gemeinsam die Beerdigung ausgerichtet. Ganz praktische Lektionen in Nächstenliebe und Christentum, wie ihn der Religionsunterricht allein keinesfalls bieten kann.

Aber damit ist das Engagement keineswegs abgeschlossen: Inzwischen wird gemeinsam gelesen, gesungen, erzählt und vorgelesen. Es werden Gottesdienste im Altenheim abgehalten und die jungen Helfer bringen und holen die alten Menschen aus ihren Zimmern. Und die Jungen profitieren, von der Schulnote einmal abgesehen, ebenfalls erheblich: So hilft ein pensionierter Mathe-Lehrer bei den Hausaufgaben, einer brachte den jungen Leuten das Gitarre spielen bei und das mitunter im freundschaftlichen „Tauschhandel" gegen kleine Botengänge oder Einkaufen. Es entstehen Freundschaften, die Jungen genießen es, dass ältere Erwachsene Zeit haben und zuhören können. Einfach da sind. Kontakte, die tragen bis zum Lebensende. Sie trösten und halten einen: Ein schwer kranker Heimbewohner dachte an Selbstmord, sah aber davon ab, da er plötzlich als Ersatz-Opa gebraucht wurde. Und nicht wenige Schüler holen sich Trost und Zuspruch bei der Ersatz-Oma, bevor es mit dem schlechten Zeugnis nach Hause zu den Eltern geht ...

Einzelaktionen runden die Kooperation von Schule und Altenheim ab: Der Lehrer-Eltern-Chor gibt regelmäßig im Heim Konzerte und ein absolutes Highlight ist es, wenn die Schüler die Heimbewohner am Rhein entlang ins Hotel Hilton führen oder fahren, um dort gemeinsam im Café zu sitzen und die Aussicht zu genießen. Beim Sommerfest der Schule ist es selbstverständlich, dass auch Gäste aus dem Altenheim willkommen sind. Wobei ein Schuljahrgang die alten Menschen abholt, mit den Rollstühlen den Fahrstuhl und die Flure verstopft und die Alten Teil haben, anstatt mit ihren Gebrechen schamhaft versteckt zu werden. Wahrlich ein Schul-Beispiel, das Schule machen sollte! Im kleineren Kreis lädt die Schule Heimbewohner zum Kaffee in die Schul-Cafeteria ein, denn Berührungsängste zwischen den Generationen wurden längst abgebaut.

Und auch die Eltern der Schüler engagieren sich in dem Projekt: Sie befürworten neben den praktischen Erfahrungen ihrer Kinder auch einen Unterricht, der den Dialog der Generationen, der Alt werden und Sterben thematisiert. Und demnächst ist unter dem Label business@school sogar ein Begegnungspavillon als Wirtschaftsprojekt geplant, bei dem sich Alt und Jung gegenseitig unter die Arme greifen. Da lässt sich die Stadt ebenfalls nicht lumpen und lädt alte Menschen ins Theater oder ins Rathaus ein.

Und je mehr bürgerschaftliches Engagement auch angesichts leerer Kassen an Gewicht gewinnt, desto eher sind Stiftungen und

Städte auch bereit, sich daran zu beteiligen und es zu fördern. Werte werden gelebt, in den Schulen umgesetzt und schließlich dient der Stadtteil auch als Lernort, den Eltern ebenfalls als solchen unterstützen. So wie die Elternbeiratsvorsitzenden des Gymnasiums, Eva Glöckle, eine ehemalige Gymnasiallehrerin. „Ich finde es wichtig, das die Schüler außer Wissen an der Schule auch Sozialkompetenz lernen. Es reicht nicht, dass nur die Schule, die Lehrer und die Kinder kooperieren, auch die Eltern sollen sich daran beteiligen, um das Netzwerk zu verstärken", betont die engagierte Mutter. Auch Paulette Teutsch, Elternbeirätin, sieht es als ihre Aufgabe an, sich ebenfalls mit den alten Menschen im Heim vertraut zu machen. „Anfangs war ich schockiert, besonders von den Dementen, so wie die Kinder. Aber mit der Zeit habe ich eine Gefühlsveränderung erfahren. Ich sehe jetzt die Würde jedes Menschen, egal wie dement er ist. Man kann mit ihnen Kontakt aufnehmen, sie gefühlsmäßig erreichen. Sie lächeln! Das habe ich bei diesem Projekt gelernt und es war sehr wertvoll für mich."

Wenn Eltern sich ebenfalls in solche Projekte einbringen, hat das für ihre Kinder eine zusätzliche Vorbildfunktion. Außerdem können Eltern, deren eigene Eltern weit weg leben, hier vielleicht ein bisschen ihr schlechtes Gewissen erleichtern, indem sie anderen alten Menschen Gutes tun. Es gibt nicht nur den Jungen und den ganz Alten Sinn und Freude, sondern auch der mittleren Generation. Die Eltern haben sozusagen die Mittlerfunktion nicht nur zwischen den Generationen, sondern auch unter den Mitarbeitern der Institutionen. Sie sind mit den Lehrern und Schülern in ständigem Kontakt, sie laden zu Mitarbeiterveranstaltungen ein. Und sie sehen sich bereichert durch die Lebenserfahrung und andere Sichtweisen der Bewohner des Altenheims. Gleichzeitig helfen Eltern bei Reparaturen im Heim, basteln, spielen, bieten Frühstück an, begleiten bei Ausflügen, betreuen bei Veranstaltungen im Haus, veranstalten jahreszeitliche Feste in Zusammenarbeit mit dem Lehrer-Eltern-Chor und den Schüler AGs. Und zu guter Letzt stellen sie, ebenso wie die Schüler, einen regelmäßigen Besuchsdienst im Altenheim.

Um das positive Bild abzurunden, hier noch die Meinung von Altenheim-Bewohnerin Elisabeth Rehn (81), die schon jahrelang von

Schülern besucht und betreut wird und wegen Parkinson im Rollstuhl sitzt. „Die Kinder kommen, dann machen sie Abitur, dann kommen neue. Meine Enkel kommen nicht, weil die geschiedene Frau meines Sohnes sie nicht zu mir lässt. Das tut mir weh. Aber jetzt kommen eben andere Kinder und bringen Liebe mit. Eine Blume, ein paar Keks vom Taschengeld. Ich nenne sie jetzt meine Kinder. Insgesamt waren es wohl 14 Kinder in den letzten vier Jahren. Manchmal spiele ich ihnen Mundharmonika vor. Ich freue mich immer schon, denn Mittwoch kommt Miriam und am Montag ihre Mutter. Sie fahren mich sogar zum Friseur." Und die Zuwendung, die die alte Dame erhält, gibt sie auch weiter: Jeden Mittwoch Nachmittag spielt sie zusammen mit Religionslehrer Hartmann, der am Klavier sitzt, auf ihrer Mundharmonika für ihre Mitbewohner. Vor allem für die Dementen. Und die singen dazu. „Denn die singen oft ganz besonders gern", sagt sie …

Ein weiteres engagiertes Projekt zum Thema Generationen übergreifendes Wohnen ist in der Mainzer Neustadt entstanden, einem Viertel, in dem traditionell viele Alte, Migranten und Alleinerziehende leben. Die Anfänge des Projekts gehen bis auf das Jahr 1994 zurück und sollen das Zusammenleben der Generationen fördern. Die Wohnbau Mainz GmbH startete zunächst eine Umfrage, die die Wohnbedürfnisse der Ortsansässigen klären sollte. Aus den Ergebnissen wurde schließlich das Nutzungskonzept für die geplante Bebauung in Absprache mit den beteiligten Ministerien und der Wohnbau Mainz entwickelt.

In insgesamt 55 Wohnungen für ältere Menschen, für junge Familien, behinderte, Alleinerziehende und Singles können die Bewohner dank zentrumsnaher Lage die vorhandene Infrastruktur nutzen und verfügen ebenso über einen hohen Grad an Mobilität, was gerade älteren und behinderten Menschen zu Gute kommt. Die Wohnungen der eher ruhebedürftigen älteren Bewohner sind in unmittelbarer Nähe zum parkartigen Grünbestand angeordnet. Alle Seniorenwohnungen sind barrierefrei und teilweise Rollstuhl gerecht ausgebaut, der Anschluss für ein Notruf-System war bereits vorinstalliert.

Die Wohnungen für Familien und Alleinerziehende sind mit Zugang zum Spielhof zwischen den Gebäudezeilen angeordnet. Kinderwagen-

und Fahrrad-Abstellmöglichkeiten sind barrierefrei zu erreichen. Auch behindertengerechte Familienwohnungen wurden gebaut.

Um das Konzept des gemeinschaftlichen Wohnens zu fördern, sind neben den reinen Wohnungen auch gemeinnützige Einrichtungen vorhanden: ein Café, ein Gewerberaum, und ein Gästezimmer für Besucher. Es gibt drei Home-Offices für Mieter, die PC-Arbeit von zu Hause aus erledigen wollen. Treffpunkt für die Bewohner ist das zentral gelegene Gemeinschaftshaus, sämtliche Außenanlagen und Eingangsbereiche sind barrierefrei zugänglich. In der Tiefgarage sind 51 Autostellplätze vorhanden.

Die unterschiedliche Förderung der Wohnungen strebt eine sozial ausgewogene Nachbarschaft an. Durch die Auswahl der Mieter, die den Projektgedanken mittragen, wurden aktive und stabile Nachbarschaften erzeugt. Die Mieter hatten auch die Möglichkeit, bei der Ausstattung der Wohnungen, der Gestaltung der Außenanlage sowie Nutzung und Bewirtschaftung von Café, Gemeinschaftshaus und Gästezimmer mitzubestimmen.

Ziel des Projekts war und ist es zugleich, den Bewohnern Rahmenbedingungen zu bieten, um auch gegenseitig Dienstleistungen zu erbringen. Damit soll ein kommunikatives und aktives Zusammenleben innerhalb der Anlage und im Stadtviertel geschaffen und ausgebaut werden. Die 20 barrierefreien Wohnungen ermöglichen zudem eine selbstständige Haushaltsführung. Für die so genannte Grundversorgung stehen ein Hausmeister-Service sowie ein Pflegedienst aus der Nachbarschaft zur Verfügung.

Die innovative Wohnanlage wurde teilweise mit Mitteln des Landes Rheinland-Pfalz aus dem Förderprogramm des Jahres 2000 finanziert. Die Landesbaudarlehen wurden in den Teilprogrammen zu Gunsten einkommensschwächerer Personen, Personen mit mittlerem Einkommen sowie aus dem Teilbereich betreutes Wohnen gewährt. Das Projekt wurde ebenfalls durch einen Zuschuss des Bundes und des Landes im Rahmen der Städtebauförderung *„Experimenteller Wohnungs- und Städtebau“* unterstützt. Die Restfinanzierung erfolgte über Kapitalmarktmittel und Eigenkapital. Und die Mietpreise können sich ebenfalls sehen lassen: Sie betragen für Mieter mit geringem Einkommen 4,65 Euro pro Quadratmeter ohne Nebenkosten, für mittlere Einkommen 5,65 Euro pro Quadratmeter ohne Nebenkosten.

Netzwerke Jung und Alt bewähnen sich nicht nur in Wohnanlagen oder im Kontakt zwischen Seniorenheimen und höheren Schulen: Sie greifen auch und gerade bei jungen Menschen, die auf die Hauptschule gehen, wo überdurchschnittlich viele Migrantenkinder oder Kinder aus sozial benachteiligten Familien unterrichtet werden. So kann die Robert-Schumann-Schule im pfälzischen Frankenthal als weiteres gelungenes Beispiel eines Dialogs der Generationen dienen: Seit 1997 besteht dort eine Arbeitsgemeinschaft, die sich *„Brücken bauen zwischen Jung und Alt"* nennt. Die dortige Grund- und Hauptschule und die Seniorenresidenz *„Frankenthaler Sonne"* haben sich in Form von Projektwochen und AGs zusammen getan. Hauptziele sind das Knüpfen von Kontakten, der Abbau von Vorurteilen zwischen den Generationen und die Entdeckung von Gemeinsamkeiten.

Rüstige Bewohner sowie Schüler und Schülerinnen basteln beispielsweise gemeinsam Dekorationen für das Altenheim. Darüber hinaus ist es für die Schüler und Schülerinnen sehr lehrreich, das Altenheim näher kennen zu lernen. In den AGs haben sich weitere Schwerpunkte entwickelt. Die Schüler besuchen kontinuierlich eine bestimmte Station, machen dort mit den alten Menschen Spiele und Spaziergänge, oder schmücken gemeinsam die Räume je nach Jahreszeit. Viele der Bewohner sind schwach und krank und die jungen Leute sind hoch motiviert, ihnen ein wenig Lebensfreude zu schenken. Die Gruppe besteht aus einem festen Stamm von Jungen und Mädchen verschiedener Nationalitäten und einigen hin und wieder Aktiven. Alle diese Jugendlichen zeichnen sich durch Geduld, Toleranz, Einfühlungsvermögen aus, gleichzeitig bringen sie den Senioren wohltuende Lebendigkeit und Optimismus mit.

Für die Gestaltung des Schullebens sind solche Kontakte überaus wertvoll. Kinder, die eine „Hauptschule im Brennpunkt" besuchen, brauchen über den normalen Unterricht hinaus Möglichkeiten, soziale Kompetenzen zu erwerben. Sie schenken den alten Menschen ein Stück Lebensqualität und zeigen ihnen und sich selbst, dass es möglich ist, Brücken zwischen Jung und Alt zu bauen.

Die Schule und das Altenheim führten in den letzten Jahren Projektwochen durch, die mit gemeinsamen Aktivitäten wie das Herstellen von bunten Styropor-Objekten gefüllt waren. Die alten Menschen waren dann Gäste der Schule, als die Objekte dort präsentiert wurden. Auch Seidenmalerei für Jung und Alt stand auf dem Programm. Am Präsentationstag betreuten die Schüler und Schülerinnen die alten Menschen, die meist im Rollstuhl saßen. In einer weiteren Projektwoche bastelten Jung und Alt gemeinsam Dekorationen für ein Sommerfest. Die Schüler und Schülerinnen gestalteten das Fest mit Darbietungen und Hilfen für die Senioren kräftig mit. 1997 wurde ein großes Schulprojekt im Rahmen des Wettbewerbs für das Fach Wirtschafts- und Arbeitslehre ausgeschrieben vom Rheinland-Pfälzischen Kultusministerium, „Möglichkeiten der Zusammenarbeit zwischen Schule und einer sozialen Einrichtung“ angegangen. Der Titel des Projekts *war „Brücken bauen zwischen*

Jung und Alt“. Inhalt des Projekts sowie Thema im Unterricht wurde „die soziale Einrichtung Altenheim“, wobei die Schüler Interviews mit Personal und Bewohnern zu den Punkten Organisation, Leben im Heim, Berufspraxis des Altenpflegers führten und gemeinsame Bastelnachmittage durchführten. Außerdem backten Schüler in der Schule Kuchen für die gemeinsame Abschlussfeier im Altenheim. Das Projekt wurde durch einen Videofilm dokumentiert, den Schüler drehten und im offenen Kanal selbst schnitten und auch vorführten. Eine schriftliche Dokumentation aller Infos und Aktionen folgte. Der Erfolg der Projekte führte dazu, dass seit 1997 kontinuierlich Arbeitsgemeinschaften der Schule in der *„Frankenthaler Sonne“* ein und aus gehen. Die Brücke ist also geschlagen …

Einen nicht unbedingt spektakulären aber dafür äußerst effizienten Beitrag zur „Generationen-Verständigung“ leistet ganz selbstverständlich ein Altenheim im bayerischen Ansbach: Es hat auf einer Grünanlage seines Heims kurzerhand einen Spielplatz gebaut. Grund war die schlichte Erkenntnis, dass Altenheime für Kinder meist todlangweilig sind, sehr zum Leidwesen der dort wohnenden Großeltern, die immer weniger Besuch von ihren Enkeln bekamen. Das Heim in Ansbach versuchte, diesem Trend entgegen zu wirken und hat einen Spielplatz zum Toben gebaut. Nun kommen die Kinder auch „außer der Reihe" und freiwillig.

Die Idee wurde vor rund drei Jahren geboren: Die Senioren des Altenheims am Heimweg in Ansbach waren traurig, dass kaum noch Kinder zu Besuch kamen. „In einem Altenheim riecht es halt fast wie in einem Krankenhaus", sagt Heimleiter Dirk Giepen. „Außerdem muss man ruhig sein und darf nichts anfassen." Nicht eben kindgerecht, wie er fand. Allerdings war die Umsetzung der Idee nicht ganz einfach. „Für einen Spielplatz am Altenheim bekommen Sie von niemandem einen Zuschuss", erinnert sich der Heimleiter. Deshalb warb der Träger des Hauses, die Rummelsberger Anstalten, um Spenden. Mit Erfolg: Die 25 000 Euro für die Spielgeräte, Bänke und die Anlage des Platzes kamen rasch zusammen.

Wenn Heimbewohner heute in der Grünanlage ihre Runden drehen, ist der Spielplatz ihr bevorzugtes Ziel. „Wir sitzen oft da auf der Bank, meist am Nachmittag und schauen den Kindern beim Spielen zu. Das ist arg schön", sagt eine alte Dame. Aber nicht nur sie ist begeistert von dem Spielplatz, der „Leben in die Bude" bringt, auch viele Mitbewohner steuern ihn oft an. Berührungsängste zwischen den Generationen gibt es nämlich keine, die Kontakte intensivieren sich. Inzwischen kommen sogar Kinder, die keine Großeltern im Heim haben. Einige Mütter besuchen den Spielplatz mit ihren Kindern regelmäßig. Und das nicht nur, weil er gut angelegt ist und viel Platz bietet. „Manche Kinder haben vielleicht keinen Opa und keine Oma zu Hause. Die sollen genauso lernen, dass das Alter einfach mit dazu gehört und dass es nichts ist, worüber man erschrecken muss", sagt eine junge Mutter. „Deshalb finden wir den Spielplatz am Altenheim ganz toll." Eine Idee, die Nachahmer finden sollte!

Am Montgelas-Gymnasium in Vilsbiburg hat der Leistungskurs Kunst eine besondere Tradition: Der Kunsterzieher Wolfgang Zeilbeck hat es sich bereits 2002 zur Aufgabe gemacht, die Inhalte seines Fachs auf sensible Weise mit den Wahrheiten des Lebens zu verknüpfen. Deshalb hatte er den Unterricht für eine Zeit in das Geschwister-Lechner-Altenheim verlegt, um künftigen Abiturienten mit einem gesellschaftlichen Problem zu konfrontieren: der Einsamkeit alter Menschen im Heim. Das hatte zur Folge, dass eine Schülerin sich mit einer Videokamera in ein Pflegebett legte und filmte was sie sah: Eine kahle Wand. Mehr war in dem Film nicht zu sehen, was seine Wirkung noch verstärkte. Der: Kunsterzieher: „Was heißt das überhaupt, im Altenheim zu sein? Was empfindet man am Ende des Lebens?“ Und seine Schüler machten sich beeindruckt mit an die Aufgabe, das „Kunstprojekt Altenheim“ harmonischer und menschlicher zu gestalten. Der Funke zwischen Jung und Alt sprang schnell über „auch wenn wir außer mit unseren Omas bisher wenig Kontakt zu alten Menschen hatten“, wie es eine Schülerin formulierte. Jung und Alt machten gemeinsam Brettspiele, malten und sangen gemeinsam, sie erzählten sich Geschichten und spazierten gemeinsam in die Stadt. Der Erfolg war verblüffend: Eine Frau, die das Gehen eingestellt hatte, fasste wieder Mut und lief plötzlich ihren jungen Begleitern fast davon. Viele Senioren gewannen ihr Selbstbewusstsein zurück und es entstanden Freundschaften zwischen den Generationen.

Im Rahmen einer Ausstellung zog dann der Leistungskurs Kunst Bilanz. Die Schülerinnen dokumentierten beispielsweise im Stil des Fotoklassikers August Sander die Arbeit des Personals im Altenheim und das Ambiente der Zimmer. Bilder, die viel über das Leben der alten Menschen erzählen, über das Entstehen von Heimat und über den Verlust der Individualität. Lebensqualität hatte für den Kunsterzieher aber auch mit Farbe zu tun. Gemeinsam mit einem früheren Leistungskurs hat Zeilbeck der Intensivstation des Kinderkrankenhauses von Landshut die Nüchternheit genommen. Mittlerweile tragen viele öffentlichen Gebäude im Landkreis Landshut die Handschrift des Leistungskurses Kunst.

Die Schülerin Julia hat im Altenheim einen weiteren Film gedreht: Diesmal aus der Perspektive eines Pflegestuhls. Der Film erzählt von der Entdeckungsreise einer alten Frau, die als Pflegefall jahrelang im Bett lag. Es ist eine Fahrt wie in einen anderen Kontinent, durch alle Gänge, begleitet von Begegnungen ...

Die Gruppe Hildesheim des Deutschen Sozialwerks arbeitet bereits seit sage und schreibe 15 Jahren intergenerationell, wobei sich über die Jahre immer wieder neue Alterszusammensetzungen ergeben haben. Die gemeinsamen Aktionen reichen je nach Nachfrage von Besuchs- und Fahrdiensten über Gruppenarbeit zu Spielnachmittagen mit Studenten. 2004 wurde ein Kurs für Ältere angeboten, die Lust zur Betreuung von Kindern haben. Im Rahmen dieser „Großelternschule“ wurden kommunikative Fertigkeiten wie empathisches Zuhören, Verstehen und Methoden der Konfliktlösung eingeübt.

Die Ziel der Arbeit des DSW Hildesheim bestehen darin, älteren Alleinstehenden eine Familie beziehungsweise einen Familienersatz zu bieten, Jung und Alt zusammen zu bringen und Verständnis füreinander zu wecken. Auch wenn sich nicht in jedem Fall intensive Zweierbeziehungen und Vertrauensverhältnisse entwickeln, spielen Aufmerksamkeit, individuelle Betreuung und die Ermöglichung kultureller Angebote eine große Rolle für die Teilhabe am Leben und dem Entgegenwirken von Vereinsamungstendenzen. Fahrdienste, die es alten Menschen ermöglichen, ins Konzert oder ins Theater zu gehen, müssen nicht immer emotionalen Einsatz bedeuten, sondern können auch nur auf selbstverständlicher Freundlichkeit beruhen. Das ist abhängig vom Willen des Einzelnen und von gegenseitiger Sympathie. Soziale und kommunikative Kompetenzen wie Ehrlichkeit, Glaubwürdigkeit, Verlässlichkeit, eine gesunde Selbsteinschätzung und Integrität sind Voraussetzungen, sich ernsthaft zu begegnen.

In dem 2004 gestarteten und vom Bundesfamilienministerium geförderten Projekt des *Deutschen Turner-Bundes* werden Multiplikatoren und junge Ehrenamtliche zu Übungsleitern und Bewegungsmentoren für sehr alte Menschen ausgebildet. Gegenstand der Lehrgänge sind Grundlagen der Pathophysiologie und der Gerontologie ebenso wie Methoden eines gezielten Muskel- und Koordinationstrainings zur Aufrechterhaltung der Beweglichkeit im hohen Alter. Die Konzeption ist vom DTB gemeinsam mit Wissenschaftlern und Experten aus Medizin und Gerontologie entwickelt worden.

Nach der Ausbildung sollen die Übungsleiter in Turn- und Sportvereinen, aber auch in Altenhilfe- und Altenpflegeeinrichtungen Bewegung für so genannte Hochaltrige anbieten. Zudem soll den Vereinen des Turner-Bundes der Gedanke nahe gebracht werden, mit Altenpflegeeinrichtungen zu kooperieren, um im Rahmen eines mobilen Dienstes mit den Menschen im Heim ein Bewegungsprogramm durchzuführen. Hintergrund der Initiative ist die Beobachtung, dass es für Menschen ab einem Alter von rund 80 Jahren kaum Sportangebote gibt, die darauf ausgerichtet sind, die Selbstständigkeit zu erhalten.

Der Mangel an Bewegung führt durch den Verlust von Kraft und Koordination fast automatisch zu Stürzen, Oberschenkelhalsbrüchen und damit letztendlich dazu, dass der Alltag nicht mehr selbständig bewältigt werden kann und Pflegebedürftigkeit droht. Ein Gelenk, das nicht bewegt wird, verschleißt. Ein Muskel, der nicht bewegt wird, verkümmert. Wer sich bewegt, wird seine Selbständigkeit lange erhalten. Einerseits gibt es kaum Bewegungsangebote für sehr alte Menschen, weder in Vereinen noch in Altenpflegeeinrichtungen. Gleichzeitig gibt es auch zu wenig junge Menschen, die es sich zutrauen, sehr alte Menschen zu bewegen. Andererseits gibt es in deutschen Turn- und Sportvereinen viele sozial engagierte Menschen, die man zur gegenseitigen Bereicherung mit den Alten zusammenbringen kann.

Beim Sport mit über 80-Jährigen haben junge Leute sehr oft Vorbehalte: So hegte ein potenzieller Übungsleiter die Befürchtung, dass da ja jederzeit etwas passieren könnte mit den Senioren. Deshalb will der Deutsche Turner-Bund verstärkt junge Mitglieder motivieren, qualifizieren und ihnen die Ängste im Umgang mit Hochbetagten nehmen. Sie sollen stark gemacht werden, damit sie sich dieser Aufgabe gewachsen fühlen.

Über den Weg des gemeinsamen Naturerlebnisses versuchen die *NaturFreunde Deutschlands e. V.* und die NaturFreunde Jugend den Dialog von Jung und Alt zu entfachen. Anlässlich seines hundertjährigen Jubiläums veranstaltete der Verein einen gemeinschaftlichen Rückblick der Generationen, arbeitete die Vereinsgeschichte auf und formulierte Zukunftsaufgaben. In Intensivinterviews wurden Zeitzeugen, die schon in ihrer Jugend den NaturFreunden beigetreten sind, über ihr Vereinsleben befragt. Dabei stand nicht nur der geschichtliche Aspekt, sondern auch die Frage zur Disposition, wie sich die Vereinsgeschichte der Einzelnen im Verhältnis zu ihren Lebensentwürfen entwickelte. Ein gelungenes Zusammenwirken von Jung und Alt erfordert Offenheit für die Angebote der Generationen, Interesse für die anderen und eine Atmosphäre der Akzeptanz. In den ersten Gesprächen zur Vorbereitung äußerten die jungen Mitglieder das Bedürfnis, mit eigenen Beiträgen über die neue Welt der Informationstechnik und ihre Auswirkungen auf den Menschen den intergenerationellen Dialog zu bereichern.

KAPITEL 6

Frauen coachen Frauen

Einen eher feministischen und akademischen Ansatz in Sachen „Alt und Jung“ vertreten in München ältere Fachfrauen, die als ehrenamtliche Mentorinnen junge Berufseinsteigerinnen beraten. Das Expertinnen-Beratungsnetz wurde im universitären Umfeld gegründet und gehört zur *„Frauen-Akademie München e. V.“* Die *FAM* unterstützt Frauen darin, einen gleichberechtigten Platz in Wissenschaft, Wirtschaft, Politik und Öffentlichkeit einzunehmen. Als außeruniversitäre Forschungseinrichtung bietet die FAM Raum für Auseinandersetzungen mit Feminismus in Theorie und Praxis und für die Entwicklung feministischer Ideen und Projekte.

Die *FAM* organisiert Tagungen, fördert die Vernetzung von Wissenschaftlerinnen und den Austausch von Frauen untereinander. Im Bereich der Forschung und der Vermittlung von Ergebnissen der Frauen- und Geschlechterforschung arbeitet die *FAM* mit anderen Institutionen und Einzelpersonen zusammen. Seit ihrer Gründung 1984 haben *FAM*-Frauen anerkannte Forschung insbesondere im Bereich der Arbeitsmarktforschung und der feministischen Theoriedebatte entwickelt.

Zum Angebot der *FAM* gehören Seminare, die Frauen in ihrem beruflichen Alltag unterstützen. Die *FAM* bietet Räume und Möglichkeiten, wissenschaftliche und berufliche Fähigkeiten in selbst organisierten Projekten, Gruppen und Aktivitäten zu erproben und zu erweitern. Bei der *FAM* angesiedelt sind der Arbeitskreis *„Vorsorgendes Wirtschaften“*, das Netzwerk *„Frauen und Geschichte Bayerns“*, eine Projektgruppe zum Thema „Gender Mainstreaming“, eine AG zur Europäischen Union und eine Promotionsgruppe. Zur *FAM* gehört auch das bundesweit anerkannte *Expertinnen-Beratungsnetz (EBN)*, innerhalb dessen Fachfrauen mit langjähriger Berufserfahrung in leitender Position Frauen bei Fragen des beruflichen Einstiegs über die langfristige Karriereplanung bis zur Erörterung von beruflichen Alternativen beraten. Im Mentoring können Frauen mit Hochschulabschluss oder qualifizierter Berufsausbildung sowie Studentinnen sich über einen längeren Zeitraum zu festgelegten Zielvereinbarungen beruflich begleiten lassen.

Die *FAM* – Frauenakademie München e. V. ist als unabhängiger, gemeinnütziger Verein zwar überparteilich, dafür aber parteiisch für Frauen. Inhaltliche Schwerpunkte sind: Gender Mainstreaming, Was bringt Europa den Frauen? Lebensläufe und (Um-)Wege, Fortbildungen, *FAM*-Stammtisch. Die Angebote stehen allen Frauen offen, zu Vorträgen allgemein und zu Seminaren, bei denen es speziell angegeben ist, sind auch Männer willkommen.

Das Expertinnen-Beratungsnetz hat sich mittlerweile für mehrere tausend Frauen als wichtige Anlaufstelle in der Karriereplanung erwiesen. Das ist langjährigem, ehrenamtlichem Engagement engagierter Expertinnen zu verdanken. Aber nicht nur bei der Karriereplanung steht das *EBN* jüngeren Frauen zur Seite: Es gibt auch Beratung, wie frau Beruf und Familie in Übereinstimmung oder nach der Familienphase den Widereinstieg in den Beruf schaffen kann. Im persönlichen Austausch mit einer älteren Mentorin, die weiß, wie man sich in leitender Stelle behauptet, kann das Selbstvertrauen längerfristig geschult werden. Außerdem bieten die Mentorinnen den jungen Frauen Hilfestellung bei der Lösung von Problemen am Arbeitsplatz. Das *EBN* richtet sich also an junge Frauen in Zeiten der beruflichen Weichenstellung, von der Arbeitslosigkeit über den Wiedereinstieg zur Karriereplanung oder der Übernahme leitender Positionen. Das Netz berät außerdem bei branchenspezifischen Fragen zur Existenzgründung und bietet Vorbereitung auf Bewerbungsgespräche an. Nach einem ausführlichen Klärungsgespräch wird eine geeignete Expertin für kurzfristige Hilfe oder anschließend eine Mentorin zur längerfristigen Begleitung an die Ratsuchende vermittelt. Dafür wird ein einmaliger Kostenbeitrag von 80 Euro fällig.

Die älteren Expertinnen und Mentorinnen vertreten die unterschiedlichsten Fachbereiche aus Industrie, Wissenschaft, Handel, Erziehung, Kultur und Justiz. Sie bringen ihre langjährige Erfahrung, ihr Fachwissen im Netzwerk jüngerer und älterer Frauen ehrenamtlich ein und stehen auch für mehrere Gespräche zur Verfügung. Finanziert wird das *EBN* aus Mitteln der Landeshauptstadt München sowie mit Geldern des Europäischen Sozialfonds über die Leitstelle für Gleichstellung von Frauen. Expertinnen-Beratungsnetze von älteren für jüngere Frauen gibt es in München, Hamburg, Berlin und Bremen.

München geht aber auch, was den geförderten Wohnungsbau angeht, seit längerem neue Wege in Richtung Integration von Jung und Alt: Bereits das internationale Jahr der Familie, 1994 nahm der Münchner Stadtrat zum Anlass, einen Kriterienkatalog für einen familienfreundlichen Wohnungsbau zu erarbeiten. Im Vorwort schreibt Stadtbaurätin Christiane Thalgott anno 1996: „Dieser Katalog soll als Leitfaden bereits im Planungsprozess auf die erkennbaren Bedürfnisse von Jung und Alt hinweisen. Er soll Anstoß geben, Lösungen zu suchen, in denen ein betreutes Wohnen von alten Menschen und Menschen mit Behinderung ebenso seinen Platz findet wie das Zusammenleben mehrerer Generationen in einem Haus oder in der Nachbarschaft."

In den Empfehlungen wird besonders auf Integration unterschiedlicher Bevölkerungsgruppen, alte und junge Menschen, Familien, Ausländer, Behinderte Wert gelegt. Überdies auf die Stärkung der familiären aber besonders auch der nachbarschaftlichen Netzwerke. „Es geht insgesamt darum, die Leistungsfähigkeit von sozialen Netzen zu stärken. Die Familie ist nur eins davon", heißt es in der Broschüre. Dabei werden auch „kurze Wege" im Wohnumfeld empfohlen, um soziale Infrastrukturen zu fördern und zu entwickeln. Haushaltsnahe Service- und Kommunikationseinrichtungen wie Kinderbetreuung, Gemeinschaftsräume für Bewohner jeden Alters, Altenbetreuung, Läden, Schulen, Freizeiteinrichtungen, ärztliche Versorgung sollte laut Empfehlungen für Jung und Alt zu Fuß, mit Fahrrad oder öffentlichen Verkehrsmitteln leicht erreichbar sein. Beim Innenausbau sei vor allem auf barrierefreie Haus- und Wohnungszugänge für Jung und Alt, innerhalb der Wohnungen auf Nachrüstbarkeit für spezielle Anforderungen durch Kinder und alte Menschen zu achten. Heute, in einer Zeit, da die Begegnung von Jung und Alt allenthalben gefördert wird, beinahe eine Selbstverständlichkeit, Mitte der 90er noch eher Richtung weisend.

Wie *FAM* ebenfalls eine weibliche Klientel – allerdings eher von einem konservativen Frauenbild ausgehend – spricht das „Amt für Soziale Angelegenheit und Altenarbeit" für den Bereich *„Aktivierende Altenarbeit"* an. Mit seinem Projekt *„PatenOma in Heidelberg"* ist der Behörde ein Generationen übergreifender „Dauerbrenner" gelungen: Der Dienst entstand bereits 1991 im Seniorenzentrum in der Weststadt. Er war eine Initiative älterer Menschen, die Lust hatten, sich zu engagieren und Kontakte zu Kindern und jungen Menschen gesucht haben. Das Projekt wurde also von Älteren gegründet, die sich aktiv am Leben beteiligen wollten. Der Ausgangspunkt war also nicht der sozialpädagogische Impuls, Familien zu unterstützen oder schwierige Kinder zu betreuen. Aus diesem Grund können sich alle Familien, die sich eine PatenOma wünschen, melden: Einfache und gut situierte, problematische und ganz „normale", Alleinerziehende oder kinderreiche Familien.

Inzwischen ist das Projekt *PatenOma in Heidelberg* beim Amt für Soziale Angelegenheiten angesiedelt und längst zu einem festen Angebot geworden. Wurden anfangs nur Menschen aus zwei Heidelberger Stadtteilen angesprochen, so hat sich die Idee auf das gesamte Stadtgebiet ausgedehnt. Es gibt sogar einige „Omas", die aus dem Umland nach Heidelberg kommen und in der Stadt Kinder betreuen. Heute ist das Angebot ein wichtiger Aspekt im Bezug auf die Aktivierung älterer Menschen, mit der Möglichkeit, langfristige Beziehungen zwischen den Generationen zu ermöglichen.

Ziel ist es, so die Leiterin des Bereichs *„aktivierende Altenarbeit"*, Hilde Gäthje, Beziehungen zwischen Alten und Familien zu stiften, den Älteren eine Aufgabe zu geben, die sie ausfüllt und ihnen das Gefühl vermittelt, gebraucht zu werden und ihre Lebenserfahrung weiter geben zu können. Außerdem arbeiten sie selbständig, übernehmen Verantwortung und haben am Leben teil, anstatt nur noch zuzuschauen. Viele ältere Menschen leben heute weit entfernt von ihrer Familie, von den Kindern und Enkeln. Den jungen Familien geht es ähnlich, sie sind weit weg von Eltern und Großeltern. Der Arbeitsmarkt erfordert heute ein hohes Maß an Flexibilität und Mobilität und die jungen Familien können nicht mehr auf die Unterstützung der Ursprungsfamilien zurückgreifen. Zudem sind viele

Großeltern selbst noch beruflich eingebunden. Hier bietet *PatenOma in Heidelberg* eine gute Möglichkeit für junge Familien, sich über eine PatenOma wieder verlässliche Hilfe zu schaffen. Wobei die Betonung auf verlässlich liegt.

Das Angebot PatenOma ist jedoch keinesfalls zu verwechseln mit einem Babysitterdienst und ist auch kein Ersatz für professionelle Kinderbetreuung wie Tagesmutter oder Kindertagesstätte. Es ist zwar ein Betreuungsangebot und entlastet auch Eltern, das Hauptaugenmerk liegt aber auf der Zusammenführung verschiedener Generationen. Hinzu kommt, dass viele ältere Menschen zwar bereit sind, sich langfristig zu binden, dass sie dies aber nur für eine begrenzte Stundenzahl pro Woche möchten. In der Regel sind deshalb die PatenOmas zwischen drei und zehn Stunden wöchentlich in den Familien. Viele der Seniorinnen und Senioren haben daneben nämlich noch andere Interessen oder Verpflichtungen. Das Angebot *PatenOma in Heidelberg* wendet sich an Familien, die sich ganz bewusst für den Kontakt zu ältere Menschen entscheiden, weil sie deren Lebenserfahrung schätzen und für ihre Kinder den Umgang mit dem Alter für wichtig halten.

Für die Vermittlung und die Betreuung der PatenOmas ist die Abteilung Altenangelegenheiten und das Sachgebiet *„Aktivierende Altenarbeit"* zuständig, in dem auch alle anderen intergenerativen Projekte angesiedelt sind. Da im selben Gebäude auch das Seniorenzentrum Weststadt untergebracht ist, ist es für Ältere leicht und ohne Schwellenangst zu finden.

Mit den interessierten Omas und auch vereinzelten Opas wird zunächst ein Beratungsgespräch geführt, geklärt in welchem Umfang das Engagement gewünscht wird, welches Alter die Kinder haben sollten, wie viele Kinder es sein können und welcher Stadtteil in Frage kommt. Die meisten Älteren sind mit der *Karte ab 60* unterwegs. Diese ermöglicht es allen BürgerInnen von Heidelberg und dem Rhein-Neckar-Kreis im gesamten Verkehrsverbundnetz für 25 Euro monatlich alle öffentlichen Verkehrsmittel zu nutzen. Sie sind dadurch auch ohne Auto mobil und können „ihre" Familie gut erreichen.

Im Erstgespräch wird auch über die Bedeutung der Betreuungsarbeit gesprochen, darüber, dass es schwierig sein kann, die „richtige"

Familie zu finden, dass manchmal sogar zwei und drei Versuche notwendig sind, bis die Parteien sich einig sind. Wichtig ist auch, dass beide Seiten genug Sympathie für eine längere Beziehung aufbringen. Beide Seiten werden gebeten, diese Frage offen anzusprechen. Oft müssen Familien länger warten, bis eine PatenOma zur Verfügung steht. Die Familien werden ausschließlich telefonisch beraten, wobei man ihnen klar machen muss, dass die PatenOma kein Ersatz für eine professionelle Betreuung oder gar für ganztägige Betreuung sein kann. Kurzfristige Buchungsversuche schlagen in der Regel fehlt, da es um langfristige Beziehungen geht. Wenn jedoch eine verlässliche Beziehung entstanden ist, steht kurzfristigen Absprachen nichts im Wege.

Die PatenOmas widmen sich in der Betreuungszeit ausschließlich den Kindern. Das reicht von der Versorgung, wenn die Eltern vor Beginn der Kita oder der Schule außer Haus müssen, über Abholen der Kinder aus Einrichtungen oder die Betreuung danach. Die PatenOma springt ein, wenn ein Kind besondere Aufmerksamkeit braucht. Dies kann der Fall sein, wenn ein neugeborenes oder behindertes Geschwister sehr viel Aufmerksamkeit von den Eltern beansprucht. Dann ist die Betreuung durch die PatenOma eine gute Möglichkeit, diesen Mangel auszugleichen. PatenOmas übernehmen Hausaufgabenbetreuung und sind für alle jenen kleinen Aufgaben zuständig, für die Eltern meistens wenig Zeit haben und für die Omas eben die besten sind. Auch gemeinsame Aktivitäten stehen auf dem Programm. Entweder nur zwischen PatenOmas und Kindern oder mit der ganzen Familie. Aber Haushaltshilfen sind die Patenomas nicht.

Organisiert ist die Aktion so, dass die Abteilung Altenangelegenheiten zusammen mit dem Rechtsamt der Stadt Heidelberg eine Haftungsverzichtserklärung erarbeitet hat, die von beiden Parteien akzeptiert und unterschrieben werden muss. Außerdem bekommen die PatenOmas bei Beginn der Beziehung zu einer Familie pro Stunde fünf Euro Aufwandsentschädigung. Das ist deshalb zu Anfang wichtig, damit sich die Betreuung nicht auf den ganzen Tag ausdehnt, was alten Menschen oft zu viel wird, ohne dass sie sich gegen solche Ansprüche wehren. Vor allem dann nicht, wenn sie bereits guten Kontakt zu dem Kind aufgebaut haben. Kostet die Stunde fünf Euro, überlegen es sich die Eltern, wie viel Unterstützung sie tatsächlich brauchen. Ist die Betreuung gut eingespielt, können die Parteien alles in eigener Regie regeln.

Die PatenOmas haben die Möglichkeit, sich alle sechs bis sieben Wochen zum Erfahrungsaustausch zu treffen. Organisiert werden diese Termine von der zuständigen Mitarbeiterin des Sachgebiets *„Aktivierende Altenarbeit“*, die Themen suchen die Beteiligten selbst. Einmal im Jahr wird ein Fest für alle gefeiert, oder die PatenOmas unternehmen einen Ausflug. Das Konzept für die Öffentlichkeitsarbeit und zum Beispiel Werbebroschüren erarbeiten die PatenOmas selbst.

Die Beziehungen zwischen den PatenOmas und den Familien und Kindern entwickeln sich ganz individuell: Manchmal bleibt der Kontakt stundenweise, manchmal entsteht aber auch ein wirklich familiäres Verhältnis. Wenn die Beziehung einer natürlichen Enkel-Oma Beziehung sehr nahe kommt, verbringen die PatenOmas manchmal auch Fest- und Feiertage mit „ihrer“ Familie. Sie sind dann ganz selbstverständlich mit dabei. Und wenn es mal Probleme gibt, dann steht Beratung von Seiten des Sachgebiets zur Verfügung. Gelegentlich führen auch beide Seiten ein klärendes Gespräch mit Hilfe der Projekt-Mitarbeiterinnen.

Seit das Projekt *PatenOma in Heidelberg* im Ordner der Freiwilligenbörse Heidelberg vertreten ist und einige öffentlichkeitswirksame Veranstaltungen sowie Radio-Interviews durchgeführt hat, gibt es sehr viele neue Interessenten. Zur Zeit sind 44 PatenOmas und ein PatenOpa registriert und es werden immer mehr. Hier die Aussage einer PatenOma: „Man geht in die Familie, man beschnuppert sich, die Kinder wägen ab – mögen wir die, oder mögen wir die nicht, ist die alt oder ist die jung? Bei mir war die Familie erstaunt, dass da nicht eine alte Frau ankam, sondern eine jugendliche Oma, und da war der Kontakt eigentlich gleich da. Die Eltern baten mich, die drei größeren Kinder vom Kindergarten und von der Schule abzuholen, da dies wegen des Babys für die Mutter schwierig war. Im Lauf der Zeit hat sich ein sehr inniges Verhältnis entwickelt, nach einigen Monaten gehörte ich einfach zur Familie – ganz selbstverständlich! Und das ist lange, auch nach der Rückkehr der Familie nach Italien, so geblieben.

Inzwischen sind sieben Jahre vergangen und der Kontakt ist nicht mehr ganz so eng, wie zu Beginn. Die Kinder sind ja auch älter geworden, der älteste Sohn ist inzwischen erwachsen. Wir telefonierten früher jede Woche, heute etwas seltener. Zu Anfang verbrachte ich auch jedes Jahr drei bis vier Wochen in Italien, heute fahre ich noch zu besonderen Gelegenheiten, wie beispielsweise zur Kommunion der Jüngsten, die auch mein Patenkind ist, zu „meiner" Familie. Diese PatenOmaschaft ist zu einer wunderbaren Erfahrung für mich geworden."

KAPITEL 7

Bei „wagnis" nie einsam

Generationen übergreifendes Wohnen ist auch in München ein Zukunftstrend: Im Jahre 2000 gründete ein Häuflein von 22 Münchner Bürgern die Genossenschaft *„wagnis eG".* Heute ist *„wagnis"* nach eigenen Angaben das „größte selbst organisierte und partizipative, nachhaltig organisierte Wohnprojekt Deutschlands", das nach rund zehn Jahren Vorgeschichte mittlerweile ein voller Erfolg ist. Mehr als 500 Mitglieder von Jung bis Alt zählt die Genossenschaft inzwischen. In ihre erste Bauunternehmung hat sie 21 Millionen Euro investiert. Auch die Fortsetzung des Projekts ist in vollem Gange. *wagnis II* am Ackermannbogen wird im September 2006 bezugsfertig, *wagnis III* in Riem ist in Planung. Die Genossenschaftler planen, finanzieren und bauen gemeinsam, wohnen gemeinsam, treffen sich regelmäßig zum Beispiel im Nachbarschaftscafé „Rigoletto", das die Bewohner mitfinanziert haben.

Bei der Eröffnung am Rosa-Aschenbrenner-Bogen standen denn auch rund 100 Bewohner mitten auf der Straße bei einer Art Straßenfest. Kinder liefen herum, verknoteten gasgefüllte Luftballons zu großen, bunten Trauben. Die Eltern mussten sich keine Sorge um die Sprösslinge machen. Mittendrin in der ersten Reihe saßen ein paar Senioren in ihren Rollstühlen. Ein Klima wie in einer überdimensionalen Großfamilie, die sich und das Gelingen ihres Projekts feierte.

Das erste Projekt am Ackermannbogen umfasst vier Häuser mit insgesamt 92 Wohnungen, Büros, dem Café, Lebensmittelladen und Bewohnertreff, die die Wohnbaugenossenschaft *wagnis* am Ackermannbogen errichtet hat. Selbst organisiert, selbst geplant. An den Wohnungen wurde zum Teil sogar selbst gebaut, denn jeder arbeitsfähige Erwachsene hatte im Verlauf der Bauarbeiten 85 Stunden Eigenarbeit einbringen müssen. Eine Eigenkapitalbeteiligung von 25 bis 30 Prozent für die Finanzierung der eigenen Wohnung ist Voraussetzung, die wohnungsbezogenen Geschäftsanteile richten sich nach den wirtschaftlichen Voraussetzungen. Ein Geschäftsanteil beträgt 1000 Euro und mit einem GA wird frau/man Mitglied der Genossenschaft.

Und die *wagnis eG.* wächst weiter: Inzwischen wurde das Richtfest für weitere 45 Wohneinheiten im zweiten Bauabschnitt des Neubauviertels gefeiert. Nach dem Bau von 92 Wohnungen am Rosa-Aschenbrenner-Bogen ist die Wohnanlage *„Olymp"* an der Elisabeth-Kohn-Straße bereits das zweite Projekt, eine dritte Wohnanlage in der Messestadt Riem ist in Planung. Und auch im letzten Bauabschnitt am Ackermannbogen will die Genossenschaft erneut aktiv werden. Wie auch beim ersten Bauabschnitt ist die Wohnanlage *„Olymp"* nicht nur ein Haus, das seinen Bewohnern durch die genossenschaftliche Idee des an sich selbst vermieteten Gemeinschaftseigentums auf Dauer günstige Mietpreise garantiert. Die Schaffung von *„Nachbarschaftlicher Infrastruktur"* war der Initiatorin und Geschäftsführerin der Genossenschaft, Elisabeth Hollerbach und den künftigen Bewohnern ebenso ein wichtiges Anliegen. Und dabei besonders auch die Mischung von jungen und alten Bewohnern. Beim Bau der ersten Wohnanlage hat *wagnis* außer dem Café deshalb außerdem eine Nachbarschaftsbörse eingerichtet. An der neuen Adresse wird im Erdgeschoss des Hauses eine circa 80 Quadratmeter große Kreativ-Werkstatt erbaut, die auch als Veranstaltungsraum genutzt werden kann. Weiter wird es eine Gemeinschafts-Dachterrasse, einen gemeinschaftlichen Garten und ein Gäste-Appartement für Besucher geben.

Auch bei der Energieversorgung geht man durch die Beteiligung am Konzept der *„Solaren Nahwärme Ackermannbogen"*, das die Stadt München in Zusammenarbeit mit den Stadtwerken und dem Zentrum für Angewandte Energieforschung e. V. entwickelt hat, einen innovativen Weg. Das Warmwasser eines Großteils des neuen Bauabschnitts, nicht nur der *wagnis-Wohnanlage*, sondern auch vieler anderer Wohnblocks, soll zu 50 Prozent durch Sonnenenergie gewonnen werden.

Für die Versorgung von insgesamt 319 Wohnungen werden 3000 Quadratmeter Sonnenkollektoren auf mehreren Dächern installiert und ein 6000 Kubikmeter fassender, unterirdischer Wasserspeicher in einem Lärmschutz- und Rodelhügel erbaut. Um einen möglichst hohen Nutzungsgrad bei der solaren Warmwasserversorgung zu erreichen, wird ein Großteil des neuen wagnis-Hauses mit hoch gedämmten Holztafelwänden verkleidet. Dadurch erfüllt das Haus den geforderten Niedrigenergie-Standard, betonte die Architektin Roswitha Näbauer von der Planungsgemeinschaft „Zwischenräume."

Münchens Stadtbaurätin Christiane Thalgott lobte die vielfältigen, innovativen Ideen und Ziele der Genossenschaft und versprach Unterstützung bei weiteren Projekten. Thalgott kündigte zudem an, dass die Stadt München nicht nur genossenschaftliches Bauen, sondern auch die Errichtung von Mehr-Generationen-Wohnhäusern in privaten Baugemeinschaften in den nächsten Jahren besonders fördern wolle. Angestoßen hat all das eine einzige Frau: Die Buchhändlerin Elisabeth Hollerbach.

wagnis-Begegnungscafé „Rigoletto" an einem glasklaren Vormittag: Das Ambiente licht, freundlich, eher alternativ als Schickimicki, eine Bar, viele kleine Tische, keine Treppen, breite Türen. Am Nebentisch eine Frau mittleren Alters im Rollstuhl mit ihrer jungen Begleiterin. Vielleicht Mutter und Tochter, die gut gelaunt das exzellente und erstaunlich preiswerte indische Nudel-Gemüse-Gericht genießen. Hinten am Tisch einige alte Damen im Gespräch, viel Gelächter, daneben ein Vater mit kleinem Sohn ins Spiel mit einem Stofftier vertieft. Ein Café großstädtisch und familiär zugleich. Elisabeth Hollerbach (59) kommt herein geeilt, eine Frau wie ein quicklebendiges Steppenpferdchen: Zierlich, freundlich und unglaublich zäh. Und die Effizienz in Person. Sie legt unter anderem ein wagnis-Prospekt auf den Tisch. *wagnis eG* steht da: die Abkürzung für wohnen und arbeiten in gemeinschaft, natürlich, innovativ, selbst bestimmt. Der Wirt, die Bedienung und alle Anwesenden blicken auf, als sie kommt, grüßen, lächeln, sie ist bekannt hier und sichtlich beliebt.

„Diese Art des Wohnens war immer schon meine Vision", sagt sie. „Unser Dorf" hieß ihr Projekt in den 70ern, das sie zusammen mit ihrem Mann startete. Aus beiden Projekten wurde nichts: Projekt und Ehe scheiterten aber die gelernte Buchhändlerin gab nicht auf. Anfang der 90er gründete sie die Genossenschaft *wagnis.* Diesmal war der Zeitgeist auf ihrer Seite: Von Anfang an fand das innovative Wohnprojekt großes Interesse, die Info-Abende waren überfüllt. Der Verein Urbanes Wohnen, die Rio-Konferenz mit der Agenda 21, Bewegungen wie Co-Housing aus den USA bildeten den Hintergrund und man lag plötzlich im Trend. Ebenso wie die Idee des Generationen übergreifenden Wohnens, das bei *wagnis* einen ganz wesentlichen Aspekt bildet und selbstbestimmtes Leben bis ins hohe Alter samt Kontakt zu jungen Menschen bis zum Tod beinhaltet.

Noch immer arbeitet Elisabeth Hollerbach als selbständige Buchhändlerin, die innovative Wohnidee verfolgte sie bis vor zwei Jahren rein ehrenamtlich. „Die Menschen suchen immer öfter nach Sinn. Das Materielle reicht ihnen nicht mehr. Und so ist es auch uns gegangen. Wir wollten, dass Behinderte, Alleinerziehende, Familien, Senioren, Kinder miteinander und in gegenseitiger Unterstützung leben", sagt sie. Die Vision wurde Wirklichkeit: Seit 2000 ist sie geschäftsführender Vorstand der *wagnis eG* und bewegt und verwaltet Gelder in Höhe von circa 28 Millionen Euro. Vorbild ist die gute alte Dorfgemeinschaft, in der noch jeder jeden kannte und jedem aushalf. So finanzierten beispielsweise Bewohner das Begegnungscafé, eine wichtige Kommunikationszentrale von Jung bis Alt, die mittlerweile auch ein beachtliches kulturelles Programm bietet. Hollerbach spricht begeistert von dem immer noch sich entwickelnden Gestaltungsprozess. Er besteht aus einer Mischform zwischen Eigentum und gefördertem Wohnungsbau. „Für mich ist das Gestalten eine ungeheuere Bereicherung", sagt Hollerbach. Drei bis vier Jahre will sie den ausfüllenden, aber auch Kraft raubenden Job noch machen. Bis dahin hat sie ihre Erfahrung und ihr Know-how auch in weitere Bauvorhaben eingebracht.

Das Baukonzept beinhaltet generelle Barrierefreiheit, die Kindern, Senioren und Behinderten gleichermaßen zu Gute kommt, sowie Nachrüstbarkeit für alle. Freiräume, wo sich Menschen jeden Alters ungeplant treffen und austauschen können, sind zentral. Orte, wo Kinderwagen Rollstühle oder Bohrmaschinen ausgeliehen oder getauscht werden können. Wo man miteinander spricht, feiert, sich gegenseitig hilft, sich aber auch zurück ziehen kann. Inzwischen leben hier 130 Erwachsene mit 70 Kindern. Eine Kinderzahl, die weit über der bundesweit üblichen liegt. „Bei uns wird schließlich auch eine Art Großfamilie simuliert", sagt Elisabeth Hollerbach und geht schnell mal zu einem Tisch, um etwas zu besprechen oder anzuregen. Privates und Geschäftliches fließen bei dieser Powerfrau zusammen, das Café wirkt, als sei es ihr zweites Wohnzimmer oder auch Büro, wie man's nimmt.

„Rigoletto" strahlt mit seinem Konzept, seinen Preisen und seinem Programm inzwischen nach Schwabing hinein," freut sie sich. Es gibt Kleinkunst, einen indischen Koch, Bewohner helfen freiwillig mit für einen Stundenlohn von 6 Euro, was sich natürlich erfreulich aufs Preisniveau auswirkt. Gemeinsame Ereignisse und Feste runden das Ganze ab: Candlelight-Dinner, Schnitzel-Abende, Tibet-Tage, Persische Life-Musik, Weinproben und Kabarett vervollständigen das Programm und schaffen Gemeinsamkeit zwischen allen Generationen. Gleich nebenan befindet sich die Nachbarschaftsbörse, ein Forum für das ganze Quartier, wo Hausaufgabenbetreuung, Yoga-Kurse, Familien- und Nachbarschaftsfeste stattfinden. Ein Tauschring ist gerade im Entstehen.

Gibt es denn bei Wagnis keinerlei Schattenseiten? „Natürlich", schmunzelt Elisabeth Hollerbach. „Manche sind schon ziemlich kräftig dabei, sich selbst zu verwirklichen, ohne dabei an die anderen zu denken. Der Egoismus ist natürlich auch bei uns nicht ausgestorben." Beispielsweise, wenn ein Bewohner partout bestimmte Dachfenster, oder Parkettböden will und sich bei den mehrheitlichen Bauvorgaben ständig quer legt. „Die Bewohner lieben sich nicht alle und das müssen sie auch nicht", sagt Elisabeth Hollerbach, die „Big Mama" des wagnis-Projekts ...

In einem weiteren, wenn auch viel kleineren Genossenschaftsbau in München-Riem, der nichts mit *wagnis* zu tun hat, erproben Großeltern, Eltern und Kinder in einem Drei-Generationen-Modell ein friedliches, freundliches Zusammenleben: An der Tür zum Gemeinschaftsraum hängt ein großer Kalender. Geburtstagsfeiern stehen darauf, Sommerpartys oder Bewohnertreffs, bis in den Winter hinein sind viele Termine ausgebucht. Ein Gemeinschaftsraum ist in einem Mietshaus bisher noch ziemlich ungewöhnlich. Aber in der Wohnanlage im Münchner Osten ist so manches ungewöhnlich: Zum Beispiel das Gästeapartment, das jeder für einen Besuch mieten kann. Oder dass Alt und Jung, alle Generationen in den beiden holzverschalten Häusern leben. Die jüngsten sind zweijährige Zwillinge, die Älteste wurde heuer 81 Jahre alt. Im Haus wurden keinerlei Schwellen oder gar Stufen an der Eingangstür eingebaut, aber dafür ein behindertengerechter Lift. Die Wohnungen im Erdgeschoss mit Grünanlage und Sandkasten vor der Terrassentür sind vor allem für junge Familien reserviert, die Älteren wohnen dagegen im dritten Stock, etwas weiter weg vom Kindergeschrei. Immerhin gibt es 33 Kinder in den Häusern und nur 44 Erwachsene, eine Ausnahmequote, nicht nur für München.

Ein weiteres Projekt für Jung und Alt, auch wenn sich die Bewohner gegen das Wort Projekt sträuben. Das wichtigste, was sie anfangs verbunden hat, war ihre Mitgliedschaft in der *Genossenschaft Wogeno*, die beide Häuser gebaut hat, ökologisch und unter der Prämisse, dass die Bewohner ihre Häuser selbst verwalten. Und die Selbstverwaltung hat zunächst eher getrennt statt vereint, weil manche bei den Hausmeisterdiensten zu oft schwänzten. Jetzt herrscht wieder Frieden, denn es wurde der Grundsatz eingeführt: Wer nicht arbeitet, muss zahlen und zwar einige Cents pro Quadratmeter Wohnfläche.

Eine Eigentumswohnung hätten sich die Bewohner nicht leisten können, aber die Anteile bei der Genossenschaft zu kaufen, ist gerade noch möglich gewesen. Dies ist eine Alternative zu Eigentum und Mietwohnung. Nun leben sie alle rund sechs Jahre unter einem Dach und sehen darin auch ein „Mittel gegen die Vereinzelung“. Es entsteht ein soziales Netz, das viel breiter gestrickt ist, als in der modernen Kleinfamilie. Wichtig ist es aber auch hier, sich rechtzeitig intensivere soziale Kontakte zu schaffen, die später auch noch tragen. Im hohen Alter ist es nämlich oft zu spät. Also versuchen die Bewohner, Gemeinschaft zu schaffen, indem sie einmal im Monat zusammen einen Ausflug unternehmen oder im Gemeinschaftsraum kochen. Die Arbeit im Haus ist aufgeteilt, gegenseitige Hilfe gibt es nicht nur im Notfall. Manchmal kümmern sich die Älteren um Papierkram oder die Jüngeren richten hängen gebliebene Computer.

Babysitter zu finden, ist kein Problem. Überall im Haus kann man fragen und den Kinderwagen auch mal bei älteren Mitbewohnern in die Wohnung schieben. Kinder klettern in den dritten Stock zu den Alten, mit ein paar Blumen von der Wiese oder einem selbst gemalten Bild. Nicht nur, weil immer die Lieblingsbonbons oder Schokolade bereit liegen. Das alles bedeutet jedoch nicht, dass es nicht auch mal Krach gibt: Dann beraumen die Hausbewohner im Gemeinschaftsraum ein klärendes Gespräch an, das nach der Spannung wieder ein Gleichgewicht herstellt. Bisher hat es jedes Mal geholfen.

Bei dieser Art zu Wohnen ist niemand lang allein. Beim Nachbarn kann man sich schnell etwas Mehl ausleihen, es klingelt an der Wohnungstür, ein Nachbarskind schneit herein. Es ist immer etwas los in solchen Mehr-Generationen-Häusern. Kinder sind hier nichts Exotisches, sondern können „artgerecht" aufwachen. Ein bunter Mix aus Alleinerziehenden, Singles, Senioren, Paaren und Familien ist das Beste, meinen Experten. Und die Bewohner leben nicht, wie in „normalen" Wohnanlagen, neben einander her oder gar aneinander vorbei. Mütter können ihre Kinder sogar allein auf dem Spielplatz schicken, irgendeiner der Mitbewohner wird schon ein Auge auf sie haben. Die Bewohner haben sich in der Regel schon lange vor Einzug kennen gelernt, da es vieles gemeinsam zu organisieren gibt. Bei gemeinschaftlicher Arbeit und Planung kommt man sich zwanglos näher. Sicher ein Weg, der raus aus der Isolierung, hin zur Gemeinschaft führt. Nicht nur für die Älteren, sondern besonders auch für die vielen Alleinerziehenden in den Großstädten. Beispielsweise leben laut Statistik in München rund 27 000 Alleinerziehende, Tendenz steigend. Die meisten leben anonym vor sich hin, könnten aber in Netzwerken des gemeinschaftlichen Wohnens von Jung und Alt enorm profitieren.

Wer Angst davor hat, zu sehr vereinnahmt zu werden, kein Privatleben mehr zu haben, irrt: Die Bewohner solcher Wohnprojekte erlauben es sich schon mal, auch am helllichten Tag die Vorhänge ihrer Refugien zu schließen. Sie wollen gelegentlich Privatsphäre, aber bestimmt keine Anonymität. Mit ein Grund, weshalb schon die Architektur diese Auffassung widerspiegelt: Fronten mit bunten Farben, Holzverkleidungen, große Balkone, großzügige Grünflächen wirken freundlich und transparent. Überall gibt es Flohmärkte und Quartierfeste, Theateraufführungen, Konzerte und Stammtische. Je nach Geschmack für alle Altersstufen. Im Sommer treffen sich die Bewohner beim Nachbarn oder in den Gemeinschaftsräumen. „Keiner muss, aber alle können", freut sich ein Bewohner.

In manchen Nachbarschaftsbörsen gibt es einfach alles: Vom Homöopathie-Seminar bis hin zur Kinder-Vernissage. Die Bewohner können sogar Räume für Feiern anmieten. Das ist praktisch, weil das Chaos in den eigenen vier Wänden damit ausbleibt. Auch dienen die Gemeinschaftsräume als Kontaktbörse. Manche alleinerziehende Mutter hat hier schon Paare mit gleichaltrigen Kindern getroffen, die nun auf den Nachwuchs aufpassen oder umgekehrt. Und auf dem Weg zum Einkaufen in den meist nahe gelegenen Läden trifft man schon wieder Bekannte und macht spontan vielleicht ein Frühstück auf dem Balkon aus …

KAPITEL 8

ErzählCafé für Alt und Jung

Kreativhaus Berlin Mitte, Theaterpädagogisches Zentrum 18. März: Heute ist *„ErzählCafé"*, wie jeden Monat einmal, ab 16 Uhr. Der Eintritt ist frei, Spenden sind erwünscht. Die Themen höchst aktuell und brisant: Diesmal berichtet der gebürtige Iraner, der Religionswissenschaftler Dr. Mohsen Mirmehdi, unterstützt vom fachkundigen und umsichtigen Moderator Axel Klappoth, über sein Leben, das er seit 40 Jahren in Deutschland führt, seine Arbeit und das „soziale und ethische Gesicht des Islam". Im Publikum des bis auf den letzten Platz besetzten Saales viele Rentner. Sie essen preiswerten Kuchen, trinken Kaffee. Einige dösen während des Vortrags ein bisschen, der auf hohem Niveau gehalten wird. Aber auch viele junge Menschen hat das Thema und vielleicht noch mehr das Ambiente angelockt: Mädchen mit Kopftüchern, blonde junge Männer neben sich. Berliner Multikulti-Pärchen aus Mitte auch andersrum: Ein glutäugiger, dunkelhäutiger Muslim, wie ich später erfahre, mit einer sommersprossigen Rothaarigen mit Berliner Schnauze im Schlepptau. „Kannste mir nich ma n Stuhl besorjen", fragt sie ihn, als sie verspätet eintrudeln. Während des Vortrags fallen ihr manchmal die Augen zu. Harte Jobs haben sie hier alle, oder gar keinen, das stresst auch. Daneben ein Paar um die 50: Sie im Rollstuhl, er sehr liebevoll um sie bemüht. Bringt Cola mit Strohhalm, hält ihr die Flasche hin. Sie lächelt ihm dankbar zu. Jung und Alt, mit und ohne Behinderung, Muslime, Christen, alle hören einander zu und diskutieren engagiert aber fair. So sollte es sein, so könnte es sein. Überall ...

Das *Kreativhaus, Fischerinsel 3,* ist auch so eine Einrichtung, die Jung und Alt zusammen bringt. In sozialer und kultureller Grundlagenarbeit werden mit spiel- und theaterpädagogischen Methoden schöpferische Stärken entdeckt und entwickelt, Das gemeinnützige Dienstleistungsunternehmen bietet ein umfangreiches Angebot an offenen und themenbezogenen Spiel- und Theateraktionen, an Lesenächten und Ferienprogrammen, bis zu Projekttagen und Weiterbildungen für alle Generationen. „Kreativität gilt als eine der Schlüsselkompetenzen der Zukunft. Insbesondere Spiel und Theater sind als pädagogisches Mittel geeignet, Persönlichkeitsentwicklung zu stärken, soziale Intelligenz und Teamfähigkeit zu fördern sowie Kreativität und Ausdrucksfähigkeit anzuregen", lautet das Credo von Geschäftsführerin Angela Gärtner.

Während des Vortrags und anschließender Diskussion steht die studierte Theater-Pädagogin und Geschäftsführerin des Kreativhauses ganz hinten im Saal. Aufmerksam, gespannt, alles im Blick. Sie ist Motor und Seele des Hauses in Personalunion. Dunkle Ringe unter den Augen, glühender Blick, ganz von ihrer Aufgabe erfüllt. „Das *Kreativhaus* ist eine ehemalige Kita", erklärt sie. „Die wurde wegen Kindermangel geschlossen und dann haben wir hier das *Kreativhaus* aufgebaut von Null." Das *Kreativhaus* lädt laut Infos im Internet für jugendliche, erwachsene und jung gebliebene Zuhörer einmal im Monat interessante, ältere Menschen ins *ErzählCafé* ein, ihre Lebensgeschichte zu erzählen. Geschichte wird dadurch im neuen Gewand, als Lebens-Geschichte, präsentiert und erfahrbar gemacht. Das Publikum soll erkennen, wie Menschen früher miteinander umgegangen sind, wie ihre Lebensumstände, ihre Gebräuche waren. Gassen und Häuser aus jener Zeit entstehen plastisch vor den Augen der Zuhörer, weil sie jemand schildert, der das alles noch erlebt hat. Das *ErzählCafé* bietet Jung und Alt angesichts dieser unersetzbaren Zeitzeugnisse, besonderen Erfahrungen, Begabungen und spannenden Geschichten die Möglichkeit, in zwangloser Atmosphäre miteinander ins Gespräch zu kommen. Die Zuschauer beteiligen sich oder steuern selbst eigene Erfahrungen bei. So haben die Schauspielerin und Ex-DDR-Star Gisela May hier schon über ihr aufregendes Leben berichtet, Dr. Manfred Barg, von 1973 bis 1976 Projektleiter des legendären Palastes der Republik, der DDR-Schauspieler und langjähriger Direktor der Staatlichen Schauspielschule Ernst Busch, Hans-Peter Minetti, und der Artist Jonny Markschiess-van Trix, der von Begegnungen mit Chaplin oder Siegfried und Roy zu erzählen wusste.

Neben unzähligen Theater- und Kreativkuren, einem Literatursalon für die Großen und Puppenspiel für die Kleinen bietet das Kreativhaus auch eine Trickfilmwerkstatt für Jung und Alt an. Auch hier können die Generationen miteinander kreativ werden, gemeinsam einen kurzen Trickfilm entwickeln vom Drehbuch bis zur Umsetzung. Die Figuren können modelliert oder collagiert werden. Sie dürfen aber auch aus Lego-Bausteinen gefertigt sein. Die Teilnehmer nehmen ihre Animation mit einer Videokamera selbst auf. Gegen eine Gebühr kann das Ergebnis auf CD mit nach Hause genommen werden.

Seit gut 20 Jahren setzt sich nun Leiterin Angela Gärtner für ein Theater-Pädagogisches Zentrum in Berlin ein. Und 2001war es soweit: Das *Kreativhaus* ist im ehemaligen Osten der Hauptstadt entstanden. Es lebt von Spenden und wird über das Modell 2. Arbeitsmarkt finanziert, durch Stiftungen und Gelder des Bezirks, alles wenig vorhersehbar. Der Bezirk Mitte, in dem viele alte Menschen leben, wünscht sich deren Förderung, Angela Gärtner hat mehr die Jungen im Auge. Ein Grund, warum es im *Kreativhaus* gleich mehrere Aktivitäten für Alt und Jung gemeinsam gibt. Im *Kreativhaus* werden auch ABM-Maßnahmen für Schauspielschüler, Kunstpädagogen und Kunsttherapeuten durchgeführt, wobei hier Zusatzqualifikationen erworben werden können.

Neben dem *ErzählCafé* gibt es weitere intergenerative Arbeit: Immer mittwochs in der Zwergen-Spielstunde kommen Kleinkinder in Begleitung eines Eltern- oder Großelternteils zum gemeinsamen Spielen, sonntags steht ein Kinder-Eltern-Kreativsonntag auf dem Programm, Karneval und Silvester werden von Alt und Jung gemeinsam gefeiert, demnächst soll die Alt- und Jung-Theatergruppe wieder aufleben, in der Kinder und Senioren sich bei gemeinsamem Theaterspiel begegnen können. Und an einen Zirkus, an dem sich Jung und Alt beteiligen, ist auch gedacht, wenn es bisher auch noch an der Finanzierung für ein Zirkuszelt fehlt. Als nächstes steht die beliebte *„Zauberwerkstatt"* an, in der der 82-jährige Zauberer, Magier und Illusionist Helmut Bobbenkamp Kinder ab acht Jahren einlädt, ihm beim Zaubern auf die Finger zu schauen, ihm zu assistieren und eigene Zauberkunststücke zu versuchen.

Sehr beliebt ist auch der „märchenhafte Nachmittag“ auf der hauseigenen Probebühne: Die Märchenerzählerin Nina M. Korn, Angehörige der älteren Generation und ihre Mitstreiterinnen erzählen und lesen Kindern und Erwachsenen Geschichten vor. Die Mitwirkenden sind Teilnehmer eines Erzähl- und Vorlesekurses, den Nina M. Korn leitet und der dazu ermutigen soll, die Kunst der Vorlesens – auch und gerade zwischen den Generationen – wieder mehr zu pflegen. Seit einem Jahr treffen sich die Männer und Frauen und sind bereits während der *Berliner Märchentage im Kreativhaus* im Herzen Berlins aufgetreten. Neben Hans Christian Andersen werden auch Volksmärchen aus fernen Ländern zu hören sein. Und wer Lust bekommt, sein Erzähltalent zu entwickeln oder aufzufrischen, kann dort einen Wochenendkurs zu erschwinglichen Preisen buchen. Ein Kurs, der sich vornehmlich an Erzieher und Erzieherinnen aber auch an Eltern und Großeltern wendet und auf jeden Fall die Generationen zusammen bringt.

Und schließlich das Highlight *ErzählCafé,* jeden dritten Samstag des Monats eine stehende Einrichtung mit Stamm-Publikum: Trude, die sich eifrig an der Diskussion beteiligt, ist 62 und kommt regelmäßig: „Die Themen sind interessant, außerdem kriege ich das Programm zugeschickt und es gibt ja auch Plakate“, sagt sie. Kerstin, Studentin mit langem, schwarzen Haaren und Brille, pflichtet ihr bei. Der Referent betont, dass er sich als Muslim und Deutscher gleichzeitig fühlt, viele Zuhörer nicken, sie können das nachvollziehen, obwohl sie noch nicht 40 Jahre in Deutschland leben wie er. Der Samstagnachmittag neigt sich dem Ende zu. Ob ein Religionskrieg bevorsteht, will ein Zuhörer wissen. „In Kriegen geht es nie um Religion, sondern immer nur um die Güter der Welt“, sagt der Referent und das Publikum applaudiert. Angela Gärtner ist sichtlich zufrieden und kündigt den nächsten Gast im Erzählcafé an ...

Ebenfalls im kulturellen Bereich angesiedelt ist eine kleine, aber feine Initiative, Jüngere und Ältere zusammen arbeiten zu lassen: Heike Hennig (39), Choreografin in Leipzig, hat sich gegen den Jugendwahn besonders in Tänzerkreisen etwas einfallen lassen. Die Karriere eines Tänzers endet nämlich spätestens mit 40. Zu müde die Gelenke, zu geschunden die Knochen. Irrtum, sagt die junge Choreografin und engagierte für die Inszenierung im Kellertheater der Oper Leipzig *„Zeit.Tanzen seit 1927“* kurzerhand auch vier Tänzer jenseits der 60, um zu beweisen, „dass sich in der Vergänglichkeit auch Hoffnung verbirgt“. Zugegeben, die Älteren bewegten sich langsamer als die Jungen. Aber wo die künstliche Hüfte einen Sprung nicht erlaubt, tanzten eben die Hände, die Arme, die Augen …

KAPITEL 9

Gemeinsam lernen, diskutieren, forschen: Netzwerke im Hochschulbereich

Die Universität Ulm hat sich in einem längerfristigen Modellversuch engagiert, um die Generationen zusammen zu führen. Das *„Zentrum für Allgemeine Wissenschaftliche Weiterbildung„(ZAWIW)* führt dort seit 1998 unterschiedliche Alt und Jung-Projekte durch: Alt hilft Jung beim Übergang von Schule in den Beruf (Jobliner), Patenschaften zwischen Jung und Alt (biffy), Generationennetzwerk Umwelt (Lernwerkstatt Solar), Kompetenznetzwerk der Generationen, sowie eine *„Kompetenzbörse für Jung und Alt im Lernaustausch" (KOJALA).* Das Motto auf dem Flyer lautet: Jung und alt gemeinsam ... wir bewegen was". Das *„Kompetenzwerk der Generationen"* will, so der betreuende Wissenschaftler Markus Marquard, den Dialog der Generationen durch gemeinsame Lehr- und Lernprozesse fördern und die Erfahrungen und das Können von Menschen jeden Alters für andere und die Gesellschaft nutzbar machen. Neben virtuellen und realen Lernprojekten wird dazu eine Kompetenzdatenbank aufgebaut.

Ältere und jüngere Menschen bringen dabei die Bereitschaft auf, ihr Wissen und Know-how sowie ihre Erfahrungen anderen freiwillig zur Verfügung zu stellen. Auch Neugier auf die unterschiedlichen Fragen, die sich durch die Zugerhörigkeit zu verschiedenen Generationen ergeben, ist wichtig. Abgesehen vom inhaltlichem Gewinn entsteht dadurch sozialer Kontakt zwischen Menschen unterschiedlicher Altersstufen, die der Kluft zwischen den Generationen entgegenwirken und das Gefühl, gemeinsamer Verantwortung für die Gestaltung der Zukunft stärken.

Im Projektzeitraum von drei Jahren entstehen in verschiedenen Regionen Lerngemeinschaften, die bundesweit vernetzt sind und deren Basis eine gemeinsame Datenbank ist. Bestandteil des Projekts sind zum einen Fachveranstaltungen, Workshops, regionale Kompetenz-Events, zum anderen ein virtueller Lern- und Kompetenzraum auf den Projektwebseiten im Internet. Exemplarische Lernprojekte und Fachveranstaltungen für Multiplikatoren dienen als Beispiel für „Good Practice“. Im Schneeball-Effekt sollen weitere Lerngruppen, interessierte Einzelpersonen und Institutionen für das Kompetenznetzwerk der Generationen gewonnen werden. Das Projekt wird wissenschaftlich begleitet und evaluiert. Das heißt auch, dass gemeinsam mit an der Idee interessierten älteren und jüngeren Menschen die Konzeption ständig weiter entwickelt wird.

Der Kompetenzbegriff des Projekts ist weit gefasst: Ob es sich nun um konkretes Wissen oder Erfahrungen aus unterschiedlichen Lebensbereichen oder um soziale oder emotionale Kompetenzen handelt, alle Richtungen sind willkommen und werden je nach Nachfrage genutzt. Dabei ist Kompetenzentwicklung ganz wesentlich. Denn nicht immer sind Fähigkeiten auf den ersten Blick sichtbar. Brachliegendes Können älterer Menschen muss deshalb mitunter bestätigt, aktualisiert und weiter entwickelt werden, damit es seinen ganzen Wert entfalten kann.

In einem webbasierten Informationspool sollen weitgehend ungenutzte Wissens- und Erfahrungsschätze sowie praktische Fertigkeiten von Menschen und Gruppen jeden Alters für Schulklassen, Vereine und Institutionen nutzbar gemacht werden. Man kann sich diesen Pool als moderne Form des guten alten Zettel- und Karteikastens vorstellen, in der jeder seine Fertigkeiten einbringen und auf andere treffen kann, die an selbst organisierten Formen eines Austauschs zwischen den Generationen interessiert sind.

Soziale Bindung und Vertrauen sind für die Entwicklung einer solchen Lerngemeinschaft sehr wichtig. Sie können aber unter virtuellen Bedingungen nur begrenzt entstehen. Deshalb ist es in den Augen der Organisatoren wichtig, Gelegenheiten für reale Begegnungen im Kompetenznetzwerk zu haben. Reale Seminare und informelle Treffen bieten solche Gelegenheiten im wirklichen Leben. Bereits im ersten Jahr wurden von der Uni Ulm zahlreiche Lernprojekte initiiert. So wurde beispielsweise ein regionaler SchülerInnen-Wettbewerb *„Spuren suchen – Spuren legen“* durchgeführt, bei dem SchülerInnen für die Stadtgeschichte interessiert und dabei Jung und Alt miteinander ins Gespräch gebracht wurden. Eine Studienfahrt bot 22

Schülerinnen und 8 Senioren die Möglichkeit, sich besser kennen zu lernen und gemeinsam ein anspruchsvolles Programm zu erleben.

Auch in den 40 teils mehrtägigen Alt-Jung-Aktionen im Herbst 2003, unter dem Leitthema *„Bilder voneinander – miteinander, Generationen begegnen sich"* entstanden zwischen den über 1000 jungen und alten Menschen neue Formen des Dialogs. Eine ganze Reihe weiterer kleinerer Aktionen konnten durchgeführt werden. Diese exemplarischen Lernprojekte vor Ort werden zur Zeit in einer Arbeitshilfe dokumentiert, damit sie woanders ebenfalls umgesetzt werden können.

Mit den Veranstaltungen zum *„Tag der Generationen"* wurden zweimal erfolgreich „Lern-Events" für mehrere Hundert Menschen in Ulm durchgeführt. Auch diese Veranstaltungsform soll an anderen Orten erprobt werden. Ob zu Fragen der sozialen Kompetenz oder zur Humangenetik, es finden sich immer mehr Menschen bereit, sich in diesen Projekten zu engagieren. In Expertengesprächen gehen Mitarbeiter der Uni Ulm ganz gezielt auf sehr unterschiedliche Menschen zu. So werden Gespräche mit emeritierten Professoren sowie mit Menschen geführt, die während ihres Berufslebens eine leitende Stellung inne hatten. Sie sollen für den Kompetenzpool gewonnen werden.

Bundesweit wurden ebenfalls einige Lernprojekte umgesetzt. Beispielsweise kooperieren die Jungredakteure der Eventzeitung *„politikorange"* und die Senior-Online-Redakteure vom *LernCafé*. Ferner wurde ein weiteres virtuelles Lernprojekt zum Thema „Generationenvertrag" mit der DGB-Internetplattform Workshop-Zukunft durchgeführt. Für eine langfristige Zusammenarbeit konnte auch das „Virtuelle und reale Lern- und Kompetenznetzwerk älterer Erwachsener" gewonnen werden.

Das *„Kompetenznetzwerk der Generationen"* wird in Ulm im Alt-Jung-Projektverbund des *ZAWIW* gemeinsam mit dem *„Generationennetzwerk Umwelt" (GNU)* und dem Patenschaftsprogramm „biffy" sowie mit andere regionalen Trägern und Vereinen, zum Beispiel der Familienbildungsstätte, durchgeführt. Bundesweit ist das Ulmer Netzwerk in die Arbeit des Projektbüros *„Dialog der Generationen"* eingebunden und wird von der Robert-Bosch-Stiftung gefördert.

www.alt-jung-netzwerk.de

KOJALA – die Kompetenzbörse für Jung und Alt im Lernaustausch ihrerseits wird gefördert aus Mitteln der Ulmer Bürgerstiftung, des Förderkreises des *ZAWIW*, der Bildungsoffensive der Stadt Ulm und der Jugendstiftung Baden-Württemberg. Ausprobieren kann man *KOJALA* bei einem Schnupperkurs oder bei einem seiner Lernangebote. Mitmachen kann jeder: Jugendliche ab der 5. Klasse ebenso wie Erwachsene. Beteiligen können sich Einzelne, Gruppen, SchülerInnen, LehrerInnen, SeniorInnen etc. etc. Auf dem Flyer ist gleich ein Anmeldeformular integriert, auf dem man die Sparte, die einen interessiert, ankreuzen kann. Zum Beispiel: Berufe und Arbeit, Natur und Technik, Gesellschaft und Soziales, Geschichte und Zeitzeugen, Lernen mit Internet und Computer. Ich suche Angebote und Lernpartner für ... Ich kann Hilfestellung geben zu ... als Suche und Biete Kasten. Interessenten können sich aber auch gleich direkt ans KOJALA-Team an der Uni Ulm wenden.

Und der Lernaustausch läuft und läuft: So suchte Karlheinz.68, ein Hobbyfilmer, Hilfe beim Digitalisieren seiner Filme. Er stellte über *KOJALA* eine Suchanfrage. Stephen, 14, hatte schon Erfahrung mit Digitalkameras und führte den alten Hasen in die Welt der Pixel und der Bildbearbeitung ein. Sandy, 13 lernt neuerdings mit einer Englischlehrerin im Ruhestand, die sie über *KOJALA* kennen lernte. Anne ,15 macht dieses Jahr ihren Abschluss und interessiert sich für Technik. Über *KOJALA* kam sie mit Herbert, 67, zusammen, einem ehemaligen Ingenieur. Nun hat er Sandy einen Praktikumsplatz vermittelt und coacht Sandy während dessen. Bruno und Hilde, beide 67, führten lange einen Großhandel. Über *KOJALA* erfuhren sie von einer 9. Schulklasse, die ein Übungsunternehmen aufbauen will. Prompt sind sie nun als „Senior Counsellors" eingestiegen.

Im Februar 2006 führte die Uni Ulm gemeinsam mit einer achten Klasse der Albert-Einstein-Realschule Wiblingen eine Alt-Jung-Aktion mit dem Titel „Alt und Jung – miteinander/voneinander lernen" durch. Auf dem Programm standen diesmal folgende Punkte: Alt und Jung gehen gemeinsam ins Ulmer Theater. Das Stück „The killer in you is the killer in me, my love" thematisiert die Herausforderungen des Erwachsenwerdens. Davor diskutierten Jung und alt darüber, wie das früher war und wie es heute ist und kamen so ins Gespräch. Weitere Angebote waren: American History – Übungen in Englisch: Gemeinsam mit Schülern und Senioren wurden Texte gelesen, diskutiert und präsentiert. Für Leute, die Englisch neu lernen und für diejenigen, die wollten, dass ihr Englisch nicht einrostet. Alt und Jung kreativ in den stärksten Farben: Besuch des Edwin-Scharff-Museums und gemeinsames Arbeiten im Atelier zu „Farbe – Komposition und Kontrast".

Und last, but not least, nahmen Jung und Alt gemeinsam in der Familienbildungsstätte Ulm an einem Computerkurs mit Internet teil, dessen Motto lautete: Jung und Alt zeigen, was man mit der Technik alles machen kann. Die Senioren waren Mitstreiter des örtlichen Seniorentreffs und interessiert an mehr Know-how am PC. Die Jungen wollten neue Kniffe fürs Internet lernen. Ein Lehrer – ebenfalls kurz vor der Pensionierung, begleitete seine Schüler, Horst Schick (58), Mathematik – und Deutschlehrer aus Passion mit ausgeprägter sozialer Neigung und daher zuständig für die Organisation im Rahmen des vom Kultusministerium vorgegebenen, themenorientierten Projekts *„Soziales Engagement: Der ältere Mensch in unserer Gesellschaft"*. Teilnahme und Ergebnisse wurden im Zeugnis gewürdigt. Die Projekttage lauteten: „Alt hilft Jung und Jung hilft Alt", wobei im ersten Projektblock die Erfahrungen älterer Menschen auf dem Programm standen, im 2. Block an drei Tagen Besuche im Altenheim. Den Abschluss bildete schließlich der Internet-Kurs für Jung und Alt, an dem zehn Schüler, fünf Senioren und ein Lehrer teilnahmen.

Die Generationen fanden sichtlich Spaß daran, sich am PC auszutauschen. „Ich war sehr neugierig, wie es mit den Jungen geht. Wenn man sich umstellt, ihre Sprache berücksichtigt, hat man keine Probleme", freute sich Ulrich Lüttke (78), ehemaliger Chemiker. Dicht neben ihm am PC Stephan Aubele (14): „Ich finde das Projekt hier besser, als normalen Schulunterricht. Es ist mal was anderes, mit Älteren zusammen etwas zu machen. Ich nehme aber auch Rücksicht: Mit Älteren rede ich anders, als mit meinen gleichaltrigen Freunden."

In der letzten Reihe, eingerahmt von zwei Jugendlichen am Rechner, die ehemalige Sonderschullehrerin Margret Zender (66). Sie hatte Ihren Laptop mitgebracht, damit ihr die Jungen den Umgang damit erklären. Und die waren auch begeistert dabei, denn Margret

Zender kann prima mit jungen Menschen umgehen. „Ich finde es erfrischend, zusammen mit der Jugend etwas zu lernen, oder sich auch von ihnen etwas beibringen zu lassen", sagte sie. „Ich habe zwar Enkel, aber die haben keine Zeit, mir was zu erklären." Florian Wahler (13) zu ihrer Linken meint: „Es macht mir Spaß, etwas an Ältere weitergeben zu können. Bei meiner Oma geht das nämlich nicht. Sie ist im Team-Ulm, einem Chatroom, angemeldet und ist eine echte Computer-Spezialistin." Schulfreund David Lassner (14) schätzte vor allem das Erfolgserlebnis: „Es macht einfach Spaß, wenn man etwas gut kann", sagt er. „Und außerdem hatten wir die Wahl zwischen dem PC-Kurs oder einem Museumsbesuch, und da habe ich mich natürlich für den PC-Kurs entschieden."

Die teilnehmenden Senioren waren alle Mitglieder von *STIC*, dem *„Senioren-Treff-Internet und Computer"* innerhalb des Ulmer Altentreffpunkts, den der Organisator auf Seiten der Uni Ulm, Markus Marquard, angesprochen hatte. Nach Auskunft des 40-jährigen Sozialwissenschaftlers haben sich Alt-Jung-Projekte wie dieses ursprünglich aus dem Seniorenstudium an der eher technisch und medizinisch orientierten Uni entwickelt. Der engagierte Wissenschaftler: „Wir sehen gesellschaftliche Notwendigkeit und Sinn darin, wenn Alt und Jung sich etwas geben. Dazu muss man sie allerdings erst einmal zusammen führen." Die Uni Ulm arbeitet daher mit Senioren, Hauptschulen, Realschulen und Gymnasien zusammen, in drei Jahren nahmen immerhin 1500 Schüler und 400 Senioren an solchen Projekten für Jung und Alt teil. Eine stattliche Zahl, wenn man bedenkt, dass die Teilnehmer auch als Multiplikatoren des Gedankens „Generationen-Netzwerke" fungieren. Im Internet-Netzwerk *KOJAJA* zum Beispiel finden Schüler, die es nötig haben, Gratis-Coaching von älteren Fachleuten und vor allem Einzelbetreuung. Dabei kommt es auch auf eine gewisse Breitenwirkung an, denn die „Mittelgeber achten auf die Fallzahlen", erklärt Marquard.

Schließlich zieht die kleine, aber feine Ulmer Universität auch Nutzen aus dem Engagement für Jung und Alt: „Wir erzielen als Drei-Generationen-Uni damit einen gewissen Werbe-Effekt, wobei das Internet als Medium eine immer größere Rolle spielt", meint Markus Marquard. „Jung und Alt haben allerdings zunächst eine gewisse

Scheu voreinander. Sie brauchen deshalb Projekte als „Eisbrecher-Veranstaltungen, die sie ins Gespräch und in Kontakt bringen". Eisbrecher wie beispielsweise gemeinsame Theaterbesuche oder eben einen gemeinsamen Computerkurs ...

Ebenfalls gemeinsame Wege für die Generationen sucht die Pädagogische Hochschule Freiburg, die in ihrem Seniorenstudium ein *„Alt und Jung lernen miteinander"* propagiert. Abgesehen von einem breit gefächerten Studienangebot für Senioren gibt die PH Freiburg auch eine Zeitschrift für Seniorenstudierende, die *„Eule"* heraus. Bernd Steinhoff, der das Seniorenstudium betreut und verschiedene Projekte zum Thema Jung und Alt entwickelt hat, spricht von einem immer stärker werdenden *„Dialog der Generationen"*, so auch der Name des PH-Projekts. Eine Arbeitsgemeinschaft *„AG Generationenfragen und -Projekte"* beschäftigt sich regelmäßig mit diesem Thema. Gleichzeitig propagiert die PH das Modell *„Wohnen gegen Hilfe"*, wobei ältere Wohnungs- oder Hauseigentümer jungen Studenten Wohnraum gegen Mithilfe in Haus und Garten zur Verfügung stellen, statt Miete zu verlangen.

In ihrem *„Forum Jung und Alt in Unternehmen"* hat die PH Freiburg einen Dialog zwischen Experten aus Wissenschaft und Wirtschaft mit Unternehmern und Führungskräften aus kleinen und mittleren Unternehmen initiiert. Mit ins Boot haben sich die engagierten PH-Leute die Handwerkskammer Freiburg geholt, ebenso die OHK Südlicher Oberrhein, das IHK Bildungszentrum Südlicher Oberrhein und das Regionalbüro für berufliche Fortbildung Freiburg/Hochschwarzwald und das Wirtschaftsministerium des Landes Baden-Württemberg. Zum Auftakt wurden *„Werkstattgespräche"* angeboten, die ersten Veranstaltungen beschäftigten sich mit den Themen *„Das lernende Unternehmen"* und *„Chefsache Demographie – Zukunft gestalten"*. Ort der Veranstaltung: Die Pädagogische Hochschule Freiburg. In den Werkstattgesprächen ging es vor allem darum, die Ressource Wissen auch für kleine und mittlere Betriebe besser nutzbar zu machen und betriebliche Lernprozesse auch zwischen jüngeren und älteren Mitarbeitern in Gang zu bringen. Dabei wurde versucht, wissenschaftliche Erkenntnisse in der betrieblichen Praxis anwendbar zu machen. Denn der demographische Wandel kann durchaus auch als Herausforderung und Chance für die Generationen in den Unternehmen begriffen werden.

Die Technische Universität (TU) Berlin kann und will sich diesem Trend nicht verschließen: So hat sie im Bereich Entwicklungspsychologie unter anderem den Forschungsschwerpunkt *„Intergenerationale Beziehungen“* gesetzt. Federführend ist hier Günter Mey, der an der TU Entwicklungspsychologie lehrt und 2005 den schönen Band mit Texten und Fotografien: *„Jung und Alt – Perspektiven im städtischen Raum“* des großstädtischen Alltags von Berlin herausgegeben hat. In Momentaufnahmen wird darin dem Nebeneinander der Generationen nachgespürt, Annäherungen, dem Miteinander aber gelegentlich auch Formen des Gegeneinanders. Angesichts demographischer Verschiebungen und damit einhergehender Alterung der Gesellschaft gewinnt die Frage nach dem Verhältnis der Generationen auch nach Meinung von Günter Mey mehr und mehr an Bedeutung. Insbesondere, weil von veränderten Lebens- und Wohnformen und damit einhergehend auch von veränderten Kommunikations- und Netzwerkstrukturen auszugehen ist. Im Mittelpunkt der Forschung an der TU stehen außerfamiliäre Netzwerke und die Aushandlung in Alltagssituationen zwischen Angehörigen unterschiedlicher Generationen, heißt es in der Erläuterung zum Forschungsschwerpunkt. Außerdem läuft ein Projektantrag der TU, der mit *„Generationen im innerbetrieblichen Miteinander“* betitelt ist.

Günter Mey betont in seinem Buch den aktuellen Strukturwandel in Deutschland, der mit „einer Individualisierung der Lebensführung für alle Gesellschaftsschichten“ einhergeht. Ebenso wie das Modell des „Jahrzehnte gültigen Mehrgenerationenhaushaltes mehr und mehr durch eine multilokale Mehrgenerationenfamilie abgelöst wird, in deren Folge neben familiären Beziehungen zunehmend andere Netzwerke und damit extrafamiliäre Kontakte an Bedeutung gewinnen.“ Im universitären Bereich sind, so Mey, bislang Generationenbeziehungen beinahe ausschließlich als intrafamiliäre Generationsbeziehungen betrachtet worden. Studien zu Beziehungen nicht familiär verbundener Familien waren bisher eher selten, nehmen aber in den letzten Jahren erheblich zu.

Erst 1999 begann die TU Berlin, angeregt durch die Arbeiten von Annette Lepenies und die von ihr realisierte Wanderausstellung *„Das Abenteuer der Generationen"* sich intensiver dem Thema Jung und Alt zuzuwenden. Gefördert durch die Johann-Jacobs-Stiftung eröffnete die TU ein Projekt mit dem Forum *„Interdisziplinäre Arbeitsgespräche zu Stadtöffentlichkeit als Begegnungsraum von Jung und Alt"* unter Beteiligung von Kollegen und Kolleginnen aus Psychologie, Soziologie und Stadtplanung.

Laut Mey haben Studien zu sozialen Netzwerken belegt, dass Kontakte zwischen Jung und Alt sich zunächst in Familienbeziehungen eingebettet abspielen und nicht ohne weiteres auf den außerfamiliären Lebensraum ausgedehnt werden. Jenseits von funktionierenden Enkel-Großeltern oder Kinder-Eltern-Beziehungen formieren sich nämlich Kontakte außerhalb der Familie vornehmlich durch Ähnlichkeit. Hierbei sind soziodemographische Merkmale wie Bildungsniveau, Geschlecht und Alter bedeutsam, entsprechend formieren sich, so der Psychologe, vornehmlich altershomogene Gruppen. Dies gilt für jüngere, wie für älter Menschen in gleichem Maße.

Psychologische Studien haben weiter ergeben, dass Ältere trotz vorrangiger Kontakte zu Altersgleichen Interesse an Kontaktnahmen zu Jüngeren zeigen. Demgegenüber zeigen sich Jüngere anfangs eher desinteressiert. Bislang, so Günter Mey, zeigten sich die Beziehungen zwischen Jung und Alt vorwiegend durch Distanz geprägt, eine Distanz, die vermutlich damit zusammen hängt, dass Jüngere in unserer jugendverliebten Gesellschaft lieber der Konfrontation mit dem Altsein und den damit verbundenen Ängsten ausweichen. Denn immer noch wird heute mit Jugend Gesundheit und Vitalität gleichgesetzt, mit Alter Dinge wie Krankheit, Pflegebedürftigkeit, Alleinsein, Selbstbezogenheit und Überflüssigsein.

In Studien zu intergenerationaler Kommunikation wird immer wieder darauf hingewiesen, dass zwischen den Generationen spezifische Gesprächsstrategien wirksam werden: Ältere neigen teilweise zur „Selbstabwertung", und nicht selten zeigen sie Formen von Selbst-Stereotypisierungen, wenn einleitend mit „Wir Alten ..." altersspezifische Defizite in den Vordergrund gestellt werden. Umgekehrt äußern sich Jüngere teilweise herablassend etwa mit „Na, Sie können das ja bestimmt nicht mehr ..." und nehmen Ältere in deren „Eigenständigkeit" nicht ernst. Aber auch harmlosere Formen der Kommunikation und Interaktion „verraten" uns und legen unsere Vorurteile offen, wenn etwa im Gespräch mit Alten lauter gesprochen wird. Oder wenn Älteren ein Platz in der U-Bahn angeboten wird, diese allerdings die Offerte entrüstet ablehnen mit dem Hinweis, sie seien sehr wohl in der Lage zu stehen. Anzunehmen ist, so Mey, dass ältere Menschen die eher negativen Bilder, die sie auf der Seite der Jugendlichen vermuten, antizipieren und diese bei einem Aufeinandertreffen durch Rückzug „erfüllen". Die Jugendlichen ihrerseits setzen Desinteresse voraus und vermeiden den Kontakt. Alterskonzentrierte Wohnumwelten und auch räumlich getrennte Lebenswelten erschweren zusätzlich den Kontakt. Spielplätze für Kinder, Jugendzentren für Teenager, Kurparks für Ältere verhindern, dass sich die Generationen über Altersgrenzen hinweg wirklich begegnen.

Diese psychologischen Gegebenheiten gilt es zu berücksichtigen, wenn es darum geht, Netzwerke zwischen Jung und Alt zu knüpfen. Wie Annette Lepenies Studien ergaben, ist nämlich ein Miteinander am ehesten durch die Teilnahme an „Aktionen" herzustellen. Sei es durch kleinere Events, gemeinsame Feste, die ein längeres Verweilen und damit Kennen lernen erlauben. Zentral ist hier auch ein seniorengerechtes Wohnumfeld, das den Älteren Mobilität und Selbständigkeit und vor allem gesellschaftliche Teilhabe jenseits von Seniorenresidenzen wie Inseln ein *„Treffen der Generationen"* überhaupt erst gestatten.

Dabei gilt auch aus psychologischer Sicht die Maxime, kulturelle und soziale Angebote zu fördern, statt für Ältere lediglich auf spezielle Einrichtungen wie Seniorentreffs zu vertrauen. Angebote, die Ältere nicht selten als nicht passend oder sogar als diskriminierend erleben. In der psychologischen Literatur finden sich immer wieder Aussagen von über 70-Jährigen, solche Angebote seien doch „eher was für die Alten". Bei Jugendlichen finden sich ähnliche Muster: Organisierte Jugendräume sind in ihren Augen häufig Angebote „für die Kleinen".

Aus alledem folgt, so Günter Mey, dass im Wohnumfeld genügend Möglichkeiten zum Aufenthalt vorhanden sein müssen, die bei allen alterspezifischen Bedürfnissen hinsichtlich Sicherheit, Kontrolle und

Vertrautheit Kontakt erlauben. Es geht deshalb bei den Älteren und Jugendlichen gleichermaßen darum, eine ECHTE Teilhabe am öffentlichen Leben zu ermöglichen. Damit ist gemeint, dass sich unterschiedliche Alters- und Kulturgruppen treffen und sich teilweise gemeinsam ihre Lebensumwelt aneignen. Daher gilt es künftig, das Generationen übergreifende Miteinander und die Beziehungen zwischen den Generationen AUSSERHALB der Familie verstärkt zu gestalten, ohne dabei die Verschiedenheiten der Altersgruppen in Lebensführung und Werteorientierungen zu ignorieren. Programme, die Jung und Alt zueinander „zwingen" oder einen Dialog der Generationen zu „verordnen", müssen scheitern. Freiwilligkeit ist aus psychologischer Sicht angesagt, denn der Einzelne wird angesichts der demographischen Verschiebung und zunehmender Vereinzelung in Zukunft stärker als bisher auf außerfamiliäre Beziehungen angewiesen sein.

Günter Mey schlägt insbesondere ein Einbeziehen von Jung und Alt in Planungsprozesse ihres gemeindlichen oder städtischen Umfelds vor. Wenn Angehörige beider Generationen in Planungen einbezogen werden, lernen sich die Generationen in ihren Belangen und Interessen besser kennen, anstatt an Stereotypen festzuhalten. Damit können auch Forschungsprojekte ein Mittler zwischen den Generationen sein.

Mit der Überwindung von Vorurteilen sollen Altersgrenzen – so Günter Mey, nicht negiert werden, denn teilweise kann gerade die „Differenz zwischen Jung und Alt ein Movenz sein, miteinander in Beziehung zu treten und aus den unterschiedlichen Weltzugängen und Sichtweisen zu lernen und gemeinsam zu profitieren. Dies zu nutzen und zu erkennen, ist eine vorrangige Aufgabe. Darauf zu verzichten, würde die Potenziale verkennen, die aus der Begegnung von Jung und Alt erwachsen ..."

Auf psychologischen Erkenntnissen fußt auch ein Projekt der Evangelischen Fachhochschule in Bochum in Kooperation mit der Alzheimer Gesellschaft Bochum e. V. und dem Alten-Pflegeheim Wichern-Haus Gerthe. Es heißt *„Zeit haben"*. Dabei gab bereits 2001 die Aussagen Pflegender im Heim den Ausschlag, die Betreuung nicht mehr in der Form leisten zu können, wie sie Demenzkranken zusteht. Eine Studentin der Fachhochschule, die gerade ein Praktikum im Wichern-Haus absolvierte, entwickelte die Konzeptidee, durch den Einsatz von jüngeren, freiwilligen Helfern die Betreuungssituation zu verbessern und initiierte die wissenschaftliche Begleitung durch die Fachhochschule.

Ziel des Projekts ist es, Menschen mit Demenz, die im Heim wohnen und keine oder nur geringe soziale Kontakte haben, eine ehrenamtliche Lebensbegleitung zu bieten. Der Erfolg war bald sichtbar: Er bestand in der deutlichen Verbesserung der Lebensqualität der Betreuten, der indirekten Entlastung der beruflich Pflegenden, der Unterstützung der Angehörigen und einer guten Zusammenarbeit mit dem Pflegepersonal.

Vor dem ersten Kontakt werden die ehrenamtlichen Mitarbeiter mit den in Frage kommenden Demenzkranken vertraut gemacht. Danach wählen die Helfer die zu Betreuenden aus und versorgen sich mit Informationen zu ihren Gewohnheiten, Vorlieben und Abneigungen und zu ihrer Biographie. Besteht Sympathie, Wissen über den Umgang mit demenzkranken Menschen und psychologisches Einfühlungsvermögen, können durchaus längerfristige Beziehungen entstehen. Den ersten Schritt muss in der Regel dazu der Helfer tun. Eine ehrenamtliche Mitarbeiterin wurde allerdings kurzerhand von einer Kranken ausgesucht: Sie lief spontan auf sie zu und rief: „Irmchen, da bist du ja endlich!"

Die ehrenamtlichen Mitarbeiter gehen die Verpflichtung ein, den Kranken, den sie betreuen, mindestens einmal wöchentlich etwa eine Stunde zu besuchen. Spaziergänge und Gesellschaftsspiele, aber auch gemeinsames Singen, Erledigungen und Getränkeausgabe gehören ebenfalls zu ihren Aufgaben. Die wichtigste Rolle für das Gelingen des Projekts spielen der ständige Austausch zwischen ehrenamtlichen Begleitern und Pflegepersonal, aber auch Weiterbildung und Erfahrungsaustausch. Studien ergaben: Gerade im Umgang mit Demenzkranken kann ein Wissensdefizit fatale Folgen haben. Denn wenn aus Unwissenheit Macht ausgeübt wird, sind Probleme vorprogrammiert. In den Schulungen wird deshalb auch der wertschätzende Umgang mit den Kranken vermittelt.

Mittlerweile hat sich die Gruppe der Ehrenamtlichen zu einer lebendigen Einheit entwickelt. Anerkennung und Sicherheit bekommt sie durch die Standards, die sie selbst für den Einsatz von Ehrenamtlichen in der Betreuung von Demenzpatienten entwickelt haben. „Das Honorar, das am meisten zählt, so ein Mitglied des Vorstands der Alzheimer Gesellschaft, ist jedoch die „Anerkennung der Menschen, die wir begleiten. Durch ein Lächeln, ein paar Worte, Laute oder ein anders Zeichen des Wohlbefindens".

KAPITEL 10

Raus aus Anonymität und Isolation: Wohnprojekte für Netzwerk-Pioniere

Auch die Landesbausparkassen, bislang nicht gerade für ihre revolutionären Ideen bekannt, ziehen beim Zustandekommen von Kontakten zwischen den Generationen mit: In ihrer LBS-Zukunftswerkstatt propagiert die Bausparkasse der Sparkassen Wohnprojekte für Jung und Alt und verschickt an Interessenten Informationsbroschüren, die ihnen das nötige Know-how für die Gründung von *„Generationen übergreifenden Baugemeinschaften"* an die Hand geben. Damit wollen sie soziales Wohnen und Nachhaltigkeit in Wohnbau und Stadtentwicklung verwirklichen. Besonderer Wert wird dabei auf behindertengerechtes Bauen, Nachbarschaftscafés und Gemeinschaftsräume gelegt.

Weil immer mehr Menschen aktiv und unabhängig, gleichzeitig in guter Nachbarschaft und gemeinsam mit Jung und Alt wohnen wollen, gründen sie Gruppen und Vereine, die ihre individuellen Vorstellungen umsetzen. Mit der Broschüre *„Gemeinschaftliche Wohnprojekte"* gibt die LBS hierzu Hilfestellung, von der Planung bis zur Realisierung. Mit Checklisten und Kommentaren von Fachleuten Schritt für Schritt zum gemeinschaftlichen Wohnprojekt.

Die LBS weiß, dass unterschiedliche Gründe zum Wunsch nach Wohnalternativen führen: Gefragt sind jedenfalls Lebensmodelle mit Netzwerkcharakter. Gemeinschaftliche Wohnprojekte werden von diesem Leitgedanken getragen: gegenseitige Hilfe, so wie sie zur Situation des Einzelnen in der Gemeinschaft passt. Ältere Menschen übernehmen Aufgaben, die sie geistig und körperlich fit halten. Mütter können Familie und Beruf leichter vereinbaren. Jeder wohnt in seinen eigenen vier Wänden, sodass eine gesunde Mischung aus Alt und Jung, aus Familien und Singles entsteht, je nachdem, wer sich sucht und findet.

Gemeinschaftliches Wohnen lässt sich allerdings nicht im Regal kaufen. Es hängt vom persönlichen Engagement derer ab, die in solchen Netzwerken oder „Wahlverwandtschaften“ leben möchten. Hier bietet die LBS Broschüre „Gemeinschaftliche Wohnprojekte“ praktische Hilfe an. Von der Planung bis zur Realisierung, von der Immobiliensuche bis zur Finanzierung helfen Tipps und Checklisten Schritt für Schritt auf dem Weg zum gemeinschaftlichen Wohnen. Die Broschüre kann kostenlos im Internet unter www.lbs.de/Broschueren angefordert werden.

Auch in Heidelberg entsteht eine solche Wohnform der Zukunft: Und zwar in den so genannten *„Diakonischen Hausgemeinschaften“*, die auch als integratives Wohnprojekt gelten und professionell begleitet werden. Allein in Süddeutschland entstehen oder bestehen an 18 Standorten mit 700 Wohnungen (Stand April 2006) Projekte, die eine Vernetzung mit gegenseitiger Hilfe vorsehen oder praktizieren. Das Ziel solcher Generationen übergreifender Wohnprojekte ist es außerdem, ein nachbarschaftliches Netzwerk aufzubauen und benachteiligte Gruppen von Menschen wie Ältere, Behinderte, Alleinerziehende, ausländische Mitbürger in das Gemeinwesen mit einzubeziehen und untereinander in Kontakt zu bringen. Im Rahmen der Diakonischen Hausgemeinschaften wurde 1998 der erste Standort gegründet. Seither wächst diese Freiwilligen-Initiative kontinuierlich. Das Zentrum des Vereins bildet das ehemalige Pfarrhaus der evangelischen Markusgemeinde. Gemeinsam werden dort Lebensräume gestaltet und ein Netz der gegenseitigen Unterstützung geknüpft. Dies wird ermöglicht durch zahlreiche Menschen, die zu bürgerschaftlichem Engagement bereit sind, durch eine gute Zusammenarbeit von Fachkräften und Freiwilligen, durch Sach und Geldspenden. Auch beim Start von neuen, integrativen Wohnprojekten sind die Organisatoren darauf angewiesen, dass sich viele Menschen an den Vorhaben beteiligen. So können Jung und Alt in Heidelberg besser miteinander umgehen, und Ältere finden auch mit hohem Assistenzbedarf Geborgenheit und Zuwendung durch engagierte Nachbarn. Beteiligt an diesem Unterfangen sind unter anderen Diakonie, Caritas, Freiwilligen Börse, Paritätischer Wohlfahrtsverband. (www.diakonische-hausgemeinschaften.de)

Die Heidelberger Wohnprojekte sind ein Verbund einzelner Wohnungen und Häuser, in denen Menschen mit unterschiedlichem Bedarf an Hilfe in einem fördernden Umfeld leben: Familien, berufstätige und Studierende und vor allem ältere und jüngere Menschen gehören zu dieser Nachbarschaft dazu. Die Privatsphäre in den einzelnen Wohnungen und die Selbständigkeit in der Lebensgestaltung sind wichtig. Zusätzliche gemeinschaftliche Räume erleichtern das lebendige Miteinander. Durch gegenseitige Unterstützung, Erleichterungen bei der Haushaltsführung, Kinderbetreuung, Gemeinschaftsräume, Car-Sharing ist es für Menschen in ganz unterschiedlichen Lebenslagen – für alte und junge – attraktiv, bei den Heidelberger Projekten mitzumachen.

Die Wohnprojekte bieten Menschen mit Behinderungen ideale Voraussetzungen für ein Leben mitten in der Gesellschaft. Auch für Menschen mit schweren Behinderungen wird es möglich, den Haushalt selbst zu führen und den Alltag selbstbestimmt zu gestalten. Schwierige Lebenslagen werden erleichtert durch professionelle ambulante Dienste und die Kooperation der verschiedenen Fachkräfte wie Ärzte, Therapeuten, Pflegekräfte. Aber besonders die freiwillige Unterstützung von Menschen, die einem solchen Wohnprojekt angehören, lassen eine Kultur solidarischer Nachbarschaft lebendig werden.

Die Finanzierung für den laufenden Betrieb der Projekte ist sichergestellt. Dabei bewährt sich die enge Zusammenarbeit mit den verschiedenen Kostenträgern und den etablierten Leistungserbringern. Die Kostenregelungen werden flexibel gestaltet. Durch vielseitige Vernetzung im System sozialer Sicherungen hat diese integrative Konzeption Modellcharakter für viele Bereiche der Gesellschaft. Jeder neue Projektstart bringt jedoch neue große finanzielle Herausforderungen. Um für die Pionierarbeit neue gemeinschaftliche Lebensfelder zu schaffen, sind Spenden notwendig, um beispielsweise ein Büro einzurichten oder um Möbel für Gemeinschaftsräume zu kaufen. Die Anschaffung eines Kleinbusses erleichtert gemeinsame Unternehmungen mit behinderten Menschen. Barrierefreie Bäder und Küchen kosten Geld, deshalb sucht der Verein nicht nur Spender, sondern auch Investoren, die geeignete Immobilien kaufen und an den Verein vermieten.

„Diakonische Hausgemeinschaften" begann mit dem ersten Pilotprojekt 1989 in Freiburg im Breisgau, wo sich junge und alte Menschen in vier benachbarten Häusern zu einem lebendigen Beziehungsgefüge zusammen fanden. Dort konnten zwei Bewohner mit schweren Behinderungen integriert werden. Auch weitere Menschen, die erst wieder lernen mussten, unter schwierigen Behinderungen ihren Alltag neu zu gestalten, fanden ein Zuhause.

Inzwischen ist es gelungen, Wohnprojekte, die sich am Freiburger Modell orientieren, auch in Heidelberg zu verwirklichen. Anonymität ist eine Ursache von Not. Solidarische Wohnprojekte führen aus der Anonymität und verändern so unsere Gesellschaft.

Eine weitere Heidelberger Anlaufstelle ist der *Verein OASE e. V.*, eine private Initiative von interessierten Menschen, die ein Mehrgenerationen-Wohnprojekt in Heidelberg planen. Die Ursprungsgruppe wurde im Rahmen des Bundesmodellprogramms *„Selbst bestimmt wohnen im Alter"* gegründet und ein halbes Jahr lang durch das Amt für Soziale Angelegenheiten und Altenarbeit professionell begleitet. Die Gruppenarbeit befindet sich zur Zeit in der Realisierungsphase. Der gemeinnützige Verein wurde 2002 gegründet und hat das Ziel, Menschen miteinander in Kontakt zu bringen, die sich für die Idee des gemeinschaftlichen, Generationen verbindenden Wohnens interessieren, und die helfen wollen, diese Idee in die Tat umzusetzen. Die Mitglieder erklären es zu ihrem Ziel, neue Wohnformen in der Gemeinschaft von Alt und Jung zu verwirklichen, für Einzelne, Paare, Familien und Alleinerziehende. Sie wollen einen lebendigen Begegnungsraum schaffen für ein Zusammenleben verschiedener Altersgruppen, aktive Nachbarschaft leben, Gemeinschaft bilden unter Wahrung der Eigenständigkeit in separaten Wohneinheiten. Sie wünschen sich Lebendigkeit, partnerschaftliche Verständigung und gegenseitige Toleranz und wollen den Interessenten Möglichkeiten für Austausch und Inspiration bieten. O-ffen, A-lternativ, S-elbstbestimmt, E-ngagiert – eben *OASE.* Die Mitstreiter treffen sich einmal im Monat zu einem Planungsgespräch und halten an jedem 2. Mittwoch im Monat um 19 Uhr im Restaurant „Pizza Garten" in Heidelberg einen Informationstreff ab.

Generationen übergreifenden Wohnprojekten hat sich – ganz auf der Höhe der Zeit – auch das *SOS-Mütterzentrum* in Salzgitter zugewandt. Das Mütterzentrum wurde 1980 von wenigen Frauen noch als Selbsthilfegruppe gegründet und ist seit 1984 in der Trägerschaft des SOS-Kinderdorf e. V. Als erstes Mütterzentrum wurde es Vorbild für zahlreiche Einrichtungen sowohl regional, überregional als auch international. Inzwischen gibt es mehr als 400 Mütterzentren in Deutschland. 1987 wurde mit dem Stadtteilservice eine Angebotserweiterung für alte Menschen nach dem Motto Jung hilft Alt aufgebaut. Im Jahr 2000 fand die Einrichtung große Anerkennung als weltweites Exponat der Weltausstellung EXPO 2000 Hannover. Seither ist das *SOS-Mütterzentrum* in einem Neubau beheimatet, der den Anforderungen einer offenen Mehrgenerationen-Arbeit entspricht und in Verbindung mit Angeboten für Kinder und alte Menschen konzipiert wurde.

Das *SOS-Mütterzentrum* legt ein Hauptaugenmerk auf die Entdeckung und Entwicklung menschengerechter, zukunftsfähiger Lebensformen, die ein Generationen übergreifendes Miteinander von Müttern, Vätern, Kindern und alten Menschen auch über die eigene Kernfamilie hinaus ermöglichen. Das Mütterzentrum stellt den Raum bereit, in dem sich Menschen als Teil der Gemeinschaft begreifen und fähig werden, innerhalb und außerhalb dieses Raums ihre eigenen Netzwerke zu schaffen. Damit werden auch hier Alternativen gegen die Vereinzelung gerade bei alten Menschen oder bei Jugendlichen innerhalb ihrer Jugendkultur gefunden. Das Mütterzentrum geht von dem Gedanken aus, dass jeder Mensch Fähigkeiten besitzt, die er entwickeln und in die Gemeinschaft einbringen kann.

Die Caféstube ist das Herzstück des *SOS-Mütterzentrums*. Hier funktioniert das Leben nach dem Prinzip der alten Großfamilie. Hier kommt man hin, ohne Voranmeldung, zu jeder Zeit von 9 bis 18 Uhr, trifft sich und redet oder arbeitet miteinander. Hier lernt man sich kennen und manchmal entstehen Freundschaften. Hier kann man entspannen oder aktiv sein, ist willkommen und kann sich informieren. Hier gibt es kreative Kurse, Kaffeekränzchen, Spielkreise für Mütter, Väter und Kinder, Kartenrunden für Jung und Alt und meistens auch etwas Gutes zu essen. Was es Neues gibt, erfährt man, wenn man die Plakate und Aushänge liest oder einfach nachfragt, denn Fragen und Reden sind ebenso gern gesehen wie einfach da sein und zuhören. Manche Angebote laufen das ganze Jahr über, andere entwickeln sich spontan je nach Interessenslage. In einigen lernt man unter professioneller Anleitung, wie zum Beispiel beim Nähen, andere Kurse werden von kompetenten Menschen ohne Fachausbildung angeboten, wie zum Beispiel im Internet-Café. Jede Frau und jeder Mann, jeder Junge und jeder Alte kann selbst ein Angebot durchführen und dabei alte Fähigkeiten auffrischen oder neu gelernte weiter geben.

Eltern und Großeltern haben die Möglichkeit, ihre Kinder und Enkel jeder Altersstufe mitzubringen, Jugendliche kommen natürlich ohne Begleitung. Es steht ein Kinderzimmer und der SchülerInnen-Club mit BetreuerInnen zur Verfügung. Die Erwachsenen haben in dieser Zeit Gelegenheit, sich im der Caféstube zu entspannen, mit anderen zu reden oder an einem der Angebote im Haus teilzunehmen.

Der Altenservice ist als Antwort auf die Veränderungen des sozialen Lebens entstanden und versteht sich als Beitrag zum Aufbau von Nachbarschaften mit Begegnungs- und Hilfsmöglichkeiten zwischen Jung und Alt, im offenen Treff. Dazu gehört auch eine Tagespflegeeinrichtung mit Betreuung von dementen Menschen und eine ambulante Pflege. Der Familien-Service wendet sich an Familien und an allein stehende junge und alte Menschen, die Hilfe brauchen, sowie an Menschen, die Hilfe geben wollen. Die Angebote umfassen Hilfen in den unterschiedlichsten Lebenssituationen und werden von Fachkräften des Altenservice, aber auch sozialkompetenten und engagierten Laien geboten. Darunter findet sich flexible Kinderbetreuung mit individuellen Lösungen (Tagespflege, Kinderfrauen, Notmütter, Babysitter, PatenOmas und -Opas), Einkaufsdienste, gemeinsame Mahlzeiten im SOS-Mütterzentrum, Essensbringdienst nach Hause, Wasch- und Mangelservice, Nähwerkstatt, Schreibdienst, Second-Hand-Boutique, Tante Emma-Laden mit Blumen, einem kleinen Sortiment an Lebensmitteln und Geschenkartikeln, gesunden Nahrungsmitteln oder Wohlfühlangeboten bis hin zur Schulung bei technischen Problemen mit dem PC oder dem Handy. Außerdem gibt es Beratung nach dem Laien-mit-Laien-Prinzip bei Erziehungs- oder Lebensfragen.

Diese Ziele gelten ganz besonders für die Generationen übergreifende Arbeit im *SOS-Mütterzentrum.* Der Bedarf dafür ergibt sich aus den jahrelangen Erfahrungen mit unserem offenen Angebot, für das sich alle Generationen interessiert haben. Die Erweiterung der Angebote ergab sich stets schrittweise, direkt bezogen auf die Bedürfnisse und unter Mitwirkung der Interessenten. Insgesamt orientiert sich die Arbeit des *SOS-Mütterzentrums* Salzgitter und ganz besonders die Generationen übergreifende Arbeit an der gesellschaftlichen Notwendigkeit, neben Fragen der Wirtschaftlichkeit wieder mehr auf individuellen Bedarf zu reagieren und die Betroffenen nach dem Prinzip der Selbsthilfe stärker mit einzubeziehen. Wichtig sind dabei Erfahrungen in der Zusammenarbeit von Profis und Laien, sowie von Festangestellten und freiwilligen Helfern.

Da die Generationen keineswegs darin erfahren sind, aufeinander zuzugehen – die Isolierung der Gruppen ist vorerst noch relativ stark in den Menschen verankert – bedurfte es besonders einfühlsamer Methoden. Die familiäre und offene Atmosphäre im Haus hat sich als geeignet erwiesen, einfachen Zugang zu den Menschen zu finden. Ebenso wichtig für die Generationen übergreifende Selbsthilfe-Arbeit ist die persönliche Ansprache und Einbindung von sowohl älteren Freiwilligen, aktiven Erwachsenen und Jugendlichen. Außerdem pflegt das Mütterzentrum Kooperationen mit Schulen oder Altenheimen. Aber auch die vielfachen Möglichkeiten der Mitarbeit im Haus und die hohe Akzeptanz der Freiwilligen als Mitarbeiter erleichtern den Zugang.

Innerhalb des Hauses gibt es immer neue Tätigkeiten für ältere und jüngere Freiwillige: So bieten der Garten der Sinne und die Kleintierhaltung interessante Möglichkeiten für die Generationen. Mit der Beetpflege oder der Obstverwertung können ganz praktisch zahlreiche Themen zwischen Jung und Alt vermittelt werden. Wie kocht man Apfelmus oder Marmelade, welche Blumen riechen gut und passen in der Vase zueinander, wie sah früher ein Hausgarten aus, wie ist das heute? Auch die Begeisterung für Haustiere verbindet oft die Generationen miteinander. Jung oder Alt schaffen es aber oft nicht mehr oder noch nicht, die Verantwortung für Tiere zu übernehmen, sondern sind auf Unterstützung in der Pflege angewiesen.

Auch der tägliche Mittagstisch zieht alle Generationen an, hier kommen junge und alte Menschen aus der Nachbarschaft zusammen, um das hausgemachte Essen in einer gemeinsamen Tischrunde zu genießen. Auch die Generationen übergreifende Singgemeinschaft sorgt für Freude, und ein 84-jähriger Herr fühlt sich dort sehr von den Jüngeren angenommen. Das Internet-Café bietet ebenso gute Anknüpfungspunkte zwischen Jung und Alt. Gerade die neuen Medien stellen schnell unkomplizierte Beziehungen zwischen Jugendlichen und Älteren her, denn die „Lehrmethoden" der Jüngeren wirken oft sehr ermutigend auf Ältere und gemeinsam verständigt man sich schnell, vor allem bleibt die leidige Hierarchie zwischen Lehrenden und Lernenden außen vor. Gute Erfahrungen hat man auch mit der Anleitung Jüngerer durch Ältere gemacht: Da ist die Schneiderin, die seit 20 Jahren zweimal in der Woche beim Nähen hilft, da sind die beiden 70-jährigen Frauen, die selbst gern Musik machen und wöchentlich Kindern und Älteren gemeinsam Musikunterricht geben. Und diese Beispiele stehen für viele weitere.

Das Konzept des *SOS-Mütterzentrums* basiert auf dem Laien-mit-Laien-Prinzip. Laien verstehen sich hier als Praxis-ExpertInnen, sie bestimmen die Kultur des Lebens und Arbeitens. Allerdings gibt es auch Projekte, die von Profis geführt werden: Im Altenservice, dem Kinderhaus und der Jugendberufshilfe. Um den Erfolg des Projekts Jung hilft Alt – Alt hilft Jung zügig umsetzen zu können, muss die Zusammenarbeit zwischen Professionellen und Laien optimiert werden. Dazu ist zunächst das Begeistern der Mitarbeiterinnen im Bereich Kinderhaus und Altenpflege für dieses Thema vonnöten. Denn diese sind oft schon mit ihren Aufgaben voll ausgelastet, so dass die Zusammenarbeit mit dem Offenen Treff und den Angeboten für Jung und Alt nicht mir nichts, dir nichts in den Arbeitsalltag integriert werden kann. Das SOS-Mütterzentrum will dennoch ereichen, dass sich die Pflegekräfte und Erzieherinnen mehr noch als bisher schon für die Generationen übergreifende Arbeit engagieren und ihren Aufgabenbereich für den jeweils anderen Personenkreis öffnen.

Immer wieder müssen die Initiatorinnen nämlich feststellen, dass es in den verschiedenen Fachausbildungen an praktischer Erfahrung für Generationen übergreifende Arbeit mangelt, was sie dazu ermutigt hat, nachzubessern und in zahlreichen Fortbildungen, Supervisionen, Praxisanleitungen dafür zu sorgen, die eindimensionale Sicht- und Arbeitsweise der Fachkräfte zu Gunsten von Generationen übergreifendem Handeln und Denken zu öffnen. Heute gilt das *SOS-Mütterzentrum* gerade wegen der gleichberechtigten Zusammenarbeit von Profis und Laien als Vorbild.

Das breit gefächerte Dienstleistungsangebot des *SOS-Mütterzentrums* Salzgitter wird ergänzt durch ein Wohnhaus mit vierzehn Einheiten für alte und junge Menschen, für Alleinlebende und Familien, für gesunde und Kranke. Das Haus liegt auf demselben Gelände in direkter Nachbarschaft. Dieses Wohnhaus ist ein Modell für das Zusammenleben von Jung und Alt ohne die formalen Regeln des betreuten Wohnens und ohne die Hilflosigkeit gegenüber Überforderung durch allzu hohe Erwartungen, die oft in Wohngemeinschaften entstehen. Die Menschen mieten ihre Wohnungen bei der städtischen Gesellschaft Wohnbau Salzgitter, der Eigentümerin des Gebäudes, zur ortsüblichen Miete ohne weitere Verpflichtungen. Der Vorteil für die Mieter liegt darin, alle eventuell erforderlichen Hilfen und Dienstleistungen in direkter Nachbarschaft zur Verfügung zu haben: Von der Kinderbetreuung über praktische Dinge des Alltags bis zur Kranken- und Vollpflege. Diese Leistungen müssen erst dann „zugekauft" werden, wenn der Bedarf da ist, dann aber mit der Sicherheit, sowohl die Angebote, als auch die Anbieter, und zudem die Qualität der Dienstleistungen in Ruhe kennen gelernt zu haben. Alte Menschen können so in einem lebendigen, von Alltagskultur geprägten Dasein in ihrer Wohnung bleiben, auch wenn sie erheblich hilfsbedürftig werden. Damit gibt das Haus und seine Umgebung eine neue Antwort auf die oft gehörte Beschwerde alter Menschen: „Ich will doch nicht dorthin, wo nur alte Menschen sind." Wer will das schon?

Bereits in ihrer Zeit als niedersächsische Sozialministerin hat sich die jetzige Bundesfamilienministerin Ursula von der Leyen vorgenommen, in jedem Landkreis und jeder kreisfreien Stadt Niedersachsens ein Mehrgenerationen-Haus zu fördern und finanziell zu unterstützen. Ein Vorhaben, das sie nun als Bundesministerin auf ganz Deutschland ausgedehnt hat (siehe deren Beitrag in diesem Buch). Diese Mehrgenerationen-Häuser sind keine normalen Wohnhäuser, sondern orientieren sich an den Erfahrungen des SOS-Mütterzentrums Salzgitter. Das Konzept der Mehrgenerationen-Häuser versucht auch hier, eine Antwort auf die Veränderungen des sozialen Lebens zu geben und versteht sich als Beitrag zum Aufbau funktionierender Nachbarschaften mit Begegnungsmöglichkeiten zwischen Jung und Alt. Dazu braucht es einen Ort, an dem alle Generationen ihren Platz haben und sich wie selbstverständlich im Alltag begegnen können. Einen Ort, an dem neue soziale Netze geknüpft werden können, neue Sicherheiten wachsen und Gemeinsamkeit ausprobiert werden kann. Einen Ort, wo es gleichberechtigtes und partnerschaftliches Miteinander von Menschen gibt, die ihre Alltagskompetenzen einbringen und solchen, die ihre Berufsqualifikationen beitragen. Einen Ort, wo Familien entlastende Dienstleistungen angeboten bekommen, die das Zusammenleben mit Kindern und alten Menschen erleichtern und konkrete Möglichkeiten bieten, Familie und Beruf zu verbinden.

Im Mittelpunkt der Mehrgenerationen-Häuser steht deshalb wohl überall der Offene Treff, also der Begegnungsraum, zu dem ein Café, geeignete Räume für Kinder, Schüler, für alte Menschen und verschiedene Aktivitäten gehören. Nach dem Beispiel der Großfamilie ist dieser Bereich jeden Tag für Menschen aus der Nachbarschaft geöffnet, eine Art öffentliches Wohnzimmer. Es gibt dort Kommunikation, Zugehörigkeit, Austausch, Information, Dienstleistungen und Aktivitäten nach Innen und Außen. Gesprächskreise finden statt, es wird beraten und Kinder werden betreut. Der Offene Treff bedeutet entspannen können, versorgt sein, sich unterhalten, Spaß haben und ganz viel Raum für Engagement geboten zu bekommen. Über allem steht auch hier der Gedanke der Selbsthilfe, der das tragende Prinzip für das Gestalten und Organisieren des Mehrgenerationen-Hauses ist. Es ist offen für alle Menschen im Einzugsgebiet: Für Frauen, Kinder, Familien, Männer, für Jung und Alt, für Gesunde und Kranke, für Hilfesuchende und Hilfegebende, für Angehörige aller Nationalitäten und Glaubensgemeinschaften.

Zum Gelingen werden, jenseits der professionellen Hilfe, sozial Kompetente gebraucht, denn das Leben im Mehrgenerationen-Haus wird von Geben und Nehmen bestimmt, in dieser Wechselseitigkeit liegt der soziale Gewinn. Mit dem Mehrgenerationen-Haus wird ein Raum geschaffen, in dem Menschen sich endlich wieder als Teil einer Gemeinschaft begreifen, um mittels dieser Erfahrungen ihre eigenen Netzwerke aufzubauen und zu gestalten. Denn wir können in Zukunft nicht alles, was Menschen brauchen, mit professionellen Kräften leisten. Wir können auch nicht mehr nur auf familiäre Hilfeleistungen hoffen, weil die Anforderungen mittlerweile zu groß und zu kompliziert geworden sind. Unter dem Motto: Zusehen – Mitmachen – Selbermachen bilden sich Strukturen, in denen sich diese Menschen erproben können. Freiwillige Arbeit ist Engagement für die Gemeinschaft, für die höchstens Aufwandsentschädigungen bei verbindlicher Mitarbeit zu zahlen sind. Der Lohn liegt eher in der Zugehörigkeit zu einer Gruppe und in der Möglichkeit, viel zu bewegen und zu entwickeln.

Träger solcher Mehrgenerationen-Häuser können die Kommunen, Wohlfahrtsverbände, Initiativen, Vereine, Kirchen, Bildungsträger und andere sein. Der Träger hat die Aufgabe, Gründung und Aufbau des Hauses zu leisten und das Selbsthilfekonzept des Hauses zu fördern. Geeignet sind Räume, die möglichst zentral gelegen sind, zum Beispiel in einem Wohn- oder Geschäftsviertel. Damit die Räume zu Fuß erreichbar sind, und sie sollten zudem von einer ausreichenden Grünfläche umgeben sein.

Als geeignet gelten Flächen ab mindestens 100 Quadratmeter, möglichst mit mehreren Räumen als Rückzugsmöglichkeiten für Kinder und alte Menschen, ein größerer Raum als Treff oder Cafe, eine Küche ein Werkraum, Lager oder Abstellraum und Platz für einen kleinen Laden. Die Ausstattung sollte, so das Konzept, ansprechendes stabiles Mobiliar enthalten, das für alle unterschiedlichen Zielgruppen geeignet ist. Zudem sollten die notwendigen Geräte in den Funktionsräumen vorhanden sein. Für das Personal sieht das Konzept ein Leitungsteam mit einer fest angestellten Person, sowie zwei bis drei geringfügig Beschäftigte vor. Notwendig ist demnach auch ein Budget, das nach Bedarf für Aufwandsentschädigungen an Menschen eingesetzt wird, die verbindlich fest verabredete Angebote gestalten. Die Mitarbeiter und Mitarbeiterinnen sollten aus dem Initiativ- und Nachbarschaftskreis des Mehrgenerationen-Hauses gewonnen werden und über gute soziale Kompetenzen sowie Team- und Führungsfähigkeit verfügen. Kenntnisse über den Standort, sowohl was das soziale Milieu als auch die nachbarschaftlichen und politischen Zusammenhänge angeht, sollten vorhanden sein.

Die Förderung von Mehrgenerationen-Häusern war ein Angebot des Landes und ist heute eins des Bundes, das vorsieht, dass das Haus jeweils in Zusammenarbeit mit der jeweiligen Kommune eingerichtet wird und am örtlichen Bedarf orientiert ist. Die Träger können ihre Eigenmittel auch durch unbezahlte Freiwilligenarbeit, Spenden und Erlöse einbringen. Laut Konzept fördert das Land Niedersachsen für fünf Jahre Personalkosten für eine fest angestellte Person und beteiligt sich an den Sachkosten. Darüber hinaus bietet das Land eine begleitende Fachberatung für Träger, Kommunen und Initiativen in der Gründungs- und Projektphase an. Das Konzept sieht den Aufbau von 50 Mehrgenerationen-Häusern in Niedersachen vor.

Auch in Bielefeld werden gemeinschaftliche Formen des Wohnens erprobt: Im *„Quartierbezogenen Wohnen von Jung und Alt“* wird das so genannte *Bielfelder Modell* durchgeführt, das sowohl von der Bielfelder gemeinnützigen Wohngesellschaft (BGW) als auch von Bielefelder Privatinvestoren realisiert und von der Stadt unterstützt wird. Eine Besonderheit: Ambulante Dienste verzichten auf die Betreuungspauschale und sind Tag und Nacht im Wohnquartier präsent. Die Ziele dieser Wohnprojekte sind: Integratives Wohnen von jungen und alten Menschen, von Menschen mit Behinderung und von Menschen mit geringem bis hohem Hilfebedarf. Der Bürger entscheidet, welchen Dienst er wählt und für die Mieter wird nach deren Wünschen täglich frisch gekocht. Nach Vereinbarung nehmen Angehörige, Freunde und Nachbarn an den Mahlzeiten teil. Dabei wird Kostensenkung durch Abrechnung nach individuellem Bedarf und Nutzung der Vielfalt der Kostenträger, Kombileistungen und täglich zu- und abwählbare Dienstleistungen praktiziert. Es gibt unterschiedliche Wohnungstypen, bezahlbare Wohnungen für Mieter verschiedener Einkommensgruppen, sowie Eigentumswohnungen und eigene Häuser.

Darüber hinaus steht die Stärkung der Fähigkeiten zur Gemeinschaft im Mittelpunkt. Freunde werden als Wahlverwandte angesehen, die Wegbegleiter bei Hilfsbedarf sind und so das Versorgungsnetz für den Einzelnen im Gemeinwesen stärken. Insbesondere der Freizeitbereich wird von Freunden unterstützt, aber auch die Begleitung schwerkranker und sterbender Menschen. Nachbarn sind ein wesentliches Element eines Wohnprojekts. Zu der Nachbarschaft gehört die Geschäfts-, Vereins- und Kulturwelt. Sie bieten Hilfestellung, sowie Unterhaltungs- und Aktivitätsprogramme, die somit nicht vom Wohnprojekt vorgehalten werden müssen. Die Pflege der Nachbarschaft gehört deshalb zur Aufgabe des sozialen Dienstes.

Die Mitarbeiter des ambulanten Dienstes bilden ein multiprofessionelles Gemeinwesen-Team. Die Berufe und das Wissen der Mitarbeiter soll sich am Bedarf des Gemeinwesens orientieren, außerdem werden auch die lebenspraktischen Fähigkeiten der Mitarbeiter eingesetzt. Profis achten darauf, sich selbst überflüssig zu machen, indem sie Angehörige und Freunde anleiten. Das Beratungsangebot im Wohnprojekt umfasst sozialrechtliche, persönliche, soziale Fragen. Werden Mieter pflegebedürftig, benötigen häufig auch Angehörige Beratung und Unterstützung. Die Beratungen werden in Kooperation mit der Wohnungsverwaltung und anderen Diensten durchgeführt.

Nächtliche Hilfen erfolgen nach individueller Vereinbarung. Die Hilfe erfolgt ohne lange Wartezeiten. Die Vielfalt der Verpflegung ist sichergestellt durch das Wohncafé, Lieferung durch Restaurants oder Essen auf Rädern. Zu den hauswirtschaftlichen Leistungen gehören alle Dienstleistungen rund um die eigene Wohnung wie Einkaufsservice, Vermittlung von Lieferanten, kleine Hausmeistertätigkeiten, dem Putzen der Wohnung, der Wäschepflege bis zur Versorgung von Haustieren und Blumen.

Für die verschiedenen Altersgruppen innerhalb des Modells gibt es unterschiedliche Hilfsdienste: Ambulante Intensivpflege für sehr alte Menschen, Hilfe für Behinderte, wie Spazierfahrten im Rollstuhl, psychosoziale Hilfe, Schulbegleitung oder Vorbereitung aufs Berufsleben, Familienpflege und Jugendhilfe oder psychiatrische Krankenpflege, um nur einige zu nennen. Die Mietwohnungen sind der persönliche Raum der Mieter und bieten Möglichkeiten für Rückzug und Intimität. Alle Mietwohnungen bieten mindestens Küche, Bad, Schlaf und Wohnraum, Balkon oder Terrasse und werden leer vermietet. Soweit die Mieter ihre Wohnung nicht selbst einrichten können, helfen Angehörige und Freunde. Der ambulante Dienst vermittelt bei Bedarf Handwerker und einen Umzugsservice. In den Wohnprojekten steht jeweils im Erdgeschoss eine Wohnküche mit Gartenzugang und Terrasse als Zentrum des Wohnprojekts und als Ort der Begegnung, der Arbeit und der Kommunikation zur Verfügung. Von gemeinschaftlichen Kochen je nach Gusto ganz zu schweigen …

Erwähnenswert ist in diesem Zusammenhang schließlich auch das *„Forum für gemeinschaftliches Wohnen im Alter e. V." (FGWA)* das sich ebenfalls für integrative Wohnformen, die die Alters- und Bevölkerungsformen zusammen bringen, stark macht. Seit mehr als zwölf Jahren propagiert das Forum gemeinschaftliche Wohnprojekte, die die Menschen zusammenbringen, als zukunftsfähige Alternative. Auch in den Augen des Forums sollten Menschen in ihren eigenen Wohnungen unter einem Dach wohnen, eine eigene Haushaltsführung haben, aber jederzeit auf Gemeinschaftsangebote zurückgreifen können. Solche Wohnprojekte können, so Gerda Helbig vom Forum, im sozialen Wohnungsbau genauso entstehen wie in Miet- oder Eigentumswohnungen. Die Kosten entsprechen den üblichen Preisen auf dem Wohnungsmarkt. Zusatzkosten entstehen lediglich für die Finanzierung eines Gemeinschaftsraums, den alle Bewohner nutzen können aber nicht müssen.

Mit gegenseitiger Unterstützung im Alltag und – wo nötig – mit externer professioneller Hilfe – können die meisten Bewohner solcher Wohnprojekte lange selbständig in der eigenen Wohnung bleiben, auch bei Hilfsbedarf und Behinderung. Das erspart Kosten für Bewohner und andere Kostenträger. Diese Lebensweise führt – so auch das Forum, heraus aus Vereinsamung und Anonymität, fördert gute Nachbarschaft und schließt auch ganz selbstverständlich das Alter mit ein, mit dem die Kinder dann ebenso selbstverständlich Umgang haben.

Interessant: In der Geschäftsstelle des *FGWA* nehmen die Anfragen nach Information und Beratung von Jahr zu Jahr erheblich zu. Im Jahr 1999 verzeichnete das *FGWA* rund 2000 Anfragen, im Jahr 2003 waren es bereits 8700! Die Anfragen kommen von Einzelpersonen und neuen Initiativgruppen, aber auch von Fachleuten aus dem Bau- und Wohnungswesen, dem Gesundheitswesen, den entsprechenden Ressorts der Kommunen, den soziologischen Bereichen der Fach- und Hochschulen und den Ausbildungsstätten für Pflegeberufe. Außerdem von Wohlfahrtsverbänden, die erkennen, dass in Zukunft Betreuungs- und Pflegepersonal knapp werden wird. Sie alle erkundigen sich nach Konzepten, die im Rahmen des Möglichen auf Beteiligung der Bewohner setzen. Deutlich zeichnet sich auch in der Wohnungswirtschaft zunehmendes Interesse an neuen Wohnkonzepten ab, denn drastische Veränderungen auf dem Wohnungsmarkt zwingt sie, neue Marktsegmente zu erschließen. Immer mehr Menschen, das belegen die Zahlen des *FGWA*, suchen nach neuen, Generationen übergreifenden Wohnformen und fragen an, wo und wie sie Gleichgesinnte treffen können …

KAPITEL 11

Sich gegenseitig beraten und helfen – Die Wirtschaft profitiert von Jung und Alt

Mitten in einem Prozess des Umdenkens befindet sich auch die Wirtschaft unsers Landes:

Der Modellversuch *„Jung und Alt in Unternehmen"* und die Zukunftskonferenz in Bad Nauheim, veranstaltet vom *Bundesinstitut für Berufsbildung (BIBB)* und dem Bundesbildungsministerium beweist, wie aktuell das Thema gerade in der Wirtschaft ist. Teilnehmer im Alter zwischen 20 und 70 Jahren besuchten die Konferenz. In einer Broschüre mit dem Titel *„Fit im Beruf: KEINE Altersfrage!"*, wirbt das *BIBB* für Struktur-Veränderungen und Innovationen, die der demographische Wandel in Betrieben und Organisationen erfordert.

In Modellversuchen sollen nach den Vorschlägen des *BIBB* Handlungskonzepte entwickelt und erprobt werden. Laut der Broschüre werden Lernfähigkeit, Wissen und Erfahrung wieder als entscheidende Ressource angesehen, wodurch auch ältere Arbeitnehmer eine Aufwertung erfahren. Betriebe sollten also Wert darauf legen, diese speziellen Kompetenzen Älterer mit der Innovationsbereitschaft und dem neuartigen technischen Wissen Jüngerer zu kombinieren. Wissenssynergien ergeben sich, so das *BIBB*, aus einem neuen Dialog der Generationen. Dieser Wissens- und Erfahrungsaustausch zwischen Jung und Alt bedarf jedoch einer systematischen Förderung, die durch erwähnte Modellversuche gefördert wird. Solche Modellversuche helfen dabei aufzuklären, zu sensibilisieren und zu motivieren und tragen so zum Einstellungswandel der Mitarbeiter von Unternehmen bei.

Das *„Kuratorium deutsche Altenhilfe"* propagiert gemeinsam mit der *„Bertelsmann-Stiftung"* ein zeitgemäßes Zusammenführen und Mischen von Jung und Alt in den Betrieben und ist gegen eine permanente Verjüngung der Belegschaften, wie sie oft noch praktiziert wird. Durch Generationen übergreifendes Arbeiten werde nach Auffassung des Kuratoriums einerseits die Abstempelung älterer Mitarbeiter zum „alten Eisen“, andererseits die typischen Anfängerfehler der Jugend vermieden.

Die bundesweite Initiative *„Alt hilft Jung e. V.“* vermittelt erfahrene Senioren aus Wirtschaft und Wissenschaft an junge Unternehmen. Im Internet ist unter der Adresse „www.alt-hilft-jung.de ein großes, deutsches Forum entstanden, das sich um Gemeinsamkeit der Generationen in der Arbeitswelt von morgen bemüht. Ganzheitliches Age-Management für die Betriebe wird angestrebt. Die Industrie- und Handelskammer Köln hat beispielsweise einen *„Beraterverein Alt hilft Jung“* gegründet, wobei sie mit dem Ministerium für Wirtschaft und Arbeit NRW kooperiert und das *Forum „Alt hilft Jung“* bietet darüber hinaus eine Broschüre als Ratgeber für die betriebliche Praxis an. Der Herausgeber ist die *Bundesanstalt für Arbeitsschutz und Arbeitsmedizin (BAuA)*. Unter dem Dach dieser Anstalt hat sich die *„Initiative Neue Qualität der Arbeit“ (INQA)* gegründet, die Flyer und Broschüren erstellt und verbreitet. *INQA* ist ein Zusammenschluss von Bund, Ländern, Sozialpartnern, Sozialversicherungspartnern und Unternehmen. Sie gibt Anstöße und Unterstützung für die Entwicklung und Verbreitung von Lösungen für die Gestaltung moderner Arbeitsbedingungen.

Gemeinsam begreifen die Partner die Initiierung einer neuen, partnerschaftlichen Qualität der Arbeit als gesamtgesellschaftliche Aufgabe und als zentrale Herausforderung für die Zukunft des Wirtschaftsstandortes Deutschland, die persönlichkeitsfördernde Arbeitsbedingungen mit der Notwendigkeit von wettbewerbs- und zukunftsfähigen Arbeitsplätzen verbinden. Sie ist folglich in entsprechende, europaweite Aktivitäten zu mehr und besseren Arbeitsplätzen eingebunden. Um den Bedürfnissen sowohl einer älter werdenden Erwerbsbevölkerung als auch den Erfordernissen der sich strukturell verändernden Arbeitswelt gerecht zu werden, ist *INQA* auf vielen Gebieten initiativ. Vor allem aber fördert sie die Erkenntnis, dass die Unternehmen in Folge des demographischen Wandels die künftigen Herausforderungen mit älteren Belegschaften werden bewältigen müssen. Das funktioniert nur, wenn sich die Betriebe gemeinsam mit ihren Betriebs- und Personalräten und mit ihren Beschäftigten darauf vorbereiten. *INQA* unterstützt die Betriebe bei dieser Aufgabe. Mit dem Initiativkreis *„Älterwerden in Beschäftigung"* existiert eine Plattform für Betriebe, Institutionen und Menschen, die ihre Erfahrung einbringen wollen, sowie an Projekten zur Verbesserung der Beschäftigungsfähigkeit älterer Arbeitnehmer interessiert sind. (Infos unter www.inqa.de).

Viele denken nämlich bis heute, dass Ältere weniger leistungsfähig seien als Jüngere. Da ist ein Umdenken erforderlich, denn ohne Ältere wird es in Zukunft nicht gehen. Im Rahmen der Kampagne *"30, 40, 50 plus – Gesund arbeiten bis ins Alter"* hat *INQA* eine Broschüre aufgelegt, die das Thema ausführlich behandelt und zahlreiche Tipps für die betriebliche Praxis bereithält.

Bei den Beschäftigten der Gruppe der Älteren (55 bis 64 Jahre) zählt Deutschland mit 37 Prozent zu den Schlusslichtern in Europa. Diese Verschwendung von „Humankapital" kann sich unser Land nicht länger leisten. Mit dieser Meinung befindet sich *INQA* in guter europäischer Gesellschaft. Bereits 2000 hat der Europäische Rat ein ehrgeiziges Ziel formuliert: Bis 2010 soll bei der Gruppe der Älteren eine Beschäftigungsquote von 50 Prozent erreicht werden. Der *INQA-Initiativkreis „Älter werden in Beschäftigung"* stellt sich dieser Herausforderung gemeinsam mit seinen Projektpartnern aus Gesellschaft und Wirtschaft mit Veranstaltungen, Informationsmaterial und Projekten. Die Politik unterstützt dieses Ziel: Immerhin bildete der Deutsche Bundestag als einziges europäisches Parlament eine Enquete-Kommission *„Demographischer Wandel"*. Die Stiftung *„Dialog der Generationen"*, die vor allem für Marketing-Konzepte steht, in Berlin (www.dialog-der-generationen.de) unterstreicht diesen Trend.

Denn immer noch gelten vielerorts die Vorurteile, dass ältere Mitarbeiter häufiger krank, kaum lernfähig und weniger belastbar seien. In vielen Personalabteilungen ist das noch die gängige Meinung – trotz zahlreicher Studien, die das Gegenteil beweisen. *INQA* hat Tatsachen gegen derartige Vorurteile. Denn die Arbeitswissenschaft weiß schon lange: Die Älteren sind viel besser, als ihr Ruf. Für die meisten Berufe ist weniger die Frage nach den grauen Haaren als die nach den grauen Zellen entscheidend. Und hier sehen die Älteren alles andere als alt aus!

Die Beschäftigungsfähigkeit im Alter bleibt allerdings nicht allein durch Arbeiten erhalten, sondern erfordert Initiativen auf den Gebieten Gesundheit, Weiterbildung, Arbeitsgestaltung und Führungsverhalten. Soll ein solches ganzheitliches Age-Management rechtzeitig Wirkung zeigen, müssen die entsprechenden Maßnahmen JETZT konzipiert, eingeleitet und umgesetzt werden. So können Unternehmen und ihre Beschäftigten Generationen übergreifend und in gegenseitigem Respekt fit für die Zukunft werden.

Eine Umkehr ist dringend erforderlich, denn in keinem Land der Europäischen Union sind so wenig ältere Arbeitnehmer beschäftigt, wie in Deutschland. Sechs von zehn Unternehmen haben keine Beschäftigten über 50 mehr! Diese Verschwendung von Erfahrung und Kenntnissen ist weder betriebs- noch volkswirtschaftlich sinnvoll. Und in Zukunft auch nicht mehr möglich. Denn vor dem Hintergrund des demographischen Wandels werden sich die Unternehmen bald auf ältere Belegschaften einstellen müssen. Das ist keinesfalls so unmöglich, wie es vielen Anhängern des „Jugendwahns“ vorkommt, denn die „Alten“ sind gerüstet. Viele Fähigkeiten, das belegen umfangreiche Studien, reifen erst in der zweiten Lebenshälfte: Vor allem im kommunikativen, organisatorischen und sozialen Bereich. Andere, vor allem die geistigen, bleiben auch im Alter erhalten, eine kontinuierliche Entwicklung der Potentiale vorausgesetzt.

Wer die Arbeitsfähigkeit von Menschen bis ins gesetzliche Rentenalter erhalten und fördern will, darf nicht erst damit anfangen, wenn die Fähigkeiten über Jahre durch schlechte Arbeitsgestaltung verschüttet sind. Gefragt ist vielmehr eine Gestaltung der Arbeit, die den Menschen im Verlauf seines Erwerbslebens fordert, fördert und gesund erhält. Dies ist angesichts der Prognosen für den demographischen Wandel, eine Überlebensfrage. Bis 2020 legt nämlich der Anteil der 45 bis 54-Jährigen von heute 18 Prozent auf 23 Prozent zu, die Gruppe der 55 bis 64-Jährigen von heute 19 Prozent auf 23 Prozent. Stellen die 50 bis 64-Jährigen zur Zeit mit 15,5 Millionen etwa 30 Prozent der Bevölkerung im erwerbsfähigen Alter, werden es 2020 rund 19,5 Millionen und damit fast 40 Prozent sein!

Es wird in naher Zukunft einen zunächst leichten Rückgang des Nachwuchses von 15 bis 19-Jährigen geben, der sich dann ab 2035 stark beschleunigt. Schon ab 2010 wird es einen starken Rückgang des „Mittelalters“ geben, das gegenwärtig die Kernbelegschaften in den Betrieben bildet. In den Unternehmen steigt das durchschnittliche Alter der Belegschaften an. Erstmals gab es 2005 unter den Erwerbstätigen mehr über 50-Jährige als unter 30-Jährige. Damit verbunden sind zahlreiche Fragen, die den Wirtschaftsstandort Deutschland betreffen. Können die wirtschaftlichen Herausforderungen der Globalisierung mit älteren Beschäftigten bewältigt werden? Wie steht es um die Innovationsfähigkeit der Unternehmen und deren Wettbewerbsfähigkeit, wenn weniger junge, „frisch“ ausgebildete Köpfe nachrücken? Wie werden die Unternehmen damit fertig, wenn sich in einigen Jahren die geburtenstarken Jahrgänge kollektiv in die Rente verabschieden und ihr Erfahrungswissen und ihre Kompetenzen mitnehmen? Was können Unternehmen JETZT tun, um sich auf den unausweichlichen, altersstrukturellen Wandel ihrer Belegschaften einzustellen?

Vor allem gilt es, sich von Vorurteilen zu verabschieden: Ältere Beschäftigte haben nämlich oft weniger mit den Tücken des Alters als mit Vorurteilen hinsichtlich ihrer Leistungsfähigkeit zu kämpfen. So gelten in unserer jugendzentrierten und altersdiskriminierenden Gesellschaft und damit leider auch in vielen Personalabteilungen Ältere generell als kaum lernfähig, langsamer in der Informationsaufnahme, weniger belastbar und krankheitsanfällig. Dabei ist die Annahme, dass Altern generell mit dem Verlust von Fähigkeiten auf allen Ebenen einhergeht, ebenso falsch wie weit verbreitet. Zwar verliert der Mensch im Alter an Muskelkraft und auch an Schnelligkeit und die Sinnesorgane lassen ebenfalls in ihrer Leistungsfähigkeit nach. Aber viele Fähigkeiten bleiben – wie es die Forschung längst belegt – vom Alterungsprozess fast unberührt, andere reifen sogar erst im fortgeschrittenen Alter: Vor allem sind dies soziale und kommunikative Kompetenzen, Problemlösefähigkeiten und Informationsverarbeitung, faktisches Wissen, gute Belastbarkeit, Erhalt der Anpassungsfähigkeit an normale psychische und physische Anforderungen, kaum eingeschränkte Konzentrationsfähigkeit bis ins hohe Alter bei ausreichenden Erholungspausen, entgegen landläufiger Meinung gute Lernfähigkeit, auch wenn Ältere anders lernen als Jüngere, großes Erfahrungswissen im Umgang mit komplexen Problemen. Die raren Personalverantwortlichen, die gegenwärtig noch Erfahrungen mit älteren Mitarbeitern machen, bestätigen diese wissenschaftlichen Erkenntnisse.

Sie attestierten bei einer groß angelegten Befragung den älteren Mitarbeitern mehr Erfahrungswissen und Arbeitsdisziplin, eine bessere Einstellung zur Qualität, mehr Zuverlässigkeit, Loyalität und Führungsfähigkeit. Demgegenüber hatten jüngere Beschäftigte bei der Kreativität, der Lernbereitschaft, der Lernfähigkeit, der Flexibilität, der körperlichen Belastbarkeit und beim beruflichen Ehrgeiz die Nase vorn. Insofern spricht auch in der Wirtschaft alles für eine gemischte Belegschaft, für eine nachhaltige und zukunftsichernde Kooperation der Generationen, in der sich die Stärken von Jung und Alt ergänzen und die Schwächen ausgleichen.

Die Beschäftigungsfähigkeit im Alter bleibt allerdings nicht allein durch Arbeiten erhalten, sondern erfordert rechtzeitig ein durchdachtes Age-Management. Es sollte sich nicht ausschließlich mit den älteren Arbeitnehmern beschäftigen, sondern bereits bei den Jungen und dem „Mittelalter" ansetzen, Schon allein, um die Generationen im Betrieb früh und intensiv in Kontakt miteinander zu bringen. Bereits im Vorfeld der INQA-Kampagne haben sich fünf große Unternehmen bereit erklärt, als Pioniere in Sachen Demographie tätig zu werden und materiell wie ideell eine „Anschubfinanzierung" zu leisten: Das Engagement der ASSTEL Versicherungsgruppe, der Deutschen Telecom, ING-DiBa, des Pharmaunternehmens Lilly und dem Autohersteller Opel zeigt die Bedeutung, die das Thema Jung und Alt für die Deutsche Wirtschaft hat.

Insofern bietet der demographische Wandel große Chancen für eine innovative, Generationen umfassende Arbeitsgestaltung, die junge und alte Menschen angemessen ist, das ganze Arbeitsleben lang. Der ältere Mitarbeiter wird in Zukunft einen höheren Stellenwert erhalten, weil es angesichts der Geburtenzahlen einfach ohne ihn nicht mehr geht. Es spricht alles dafür, dass durch die Kooperation zwischen Jung und Alt in den Betrieben eine erfolgreiche Zukunft gestaltet werden kann. Gerade in den Zukunftssektoren Forschung und Wissen kann der Mensch nämlich bis ins hohe Alter leistungsfähig bleiben und mit Jüngeren zusammen arbeiten, wenn entsprechende Entwicklungsmöglichkeiten angeboten werden.

Und die Kooperation zieht weitere Kreise: Als Beispiel mag der Verein *„Alt hilft jung- Wirtschaftssenioren Hannover e. V."* dienen, in dem ehrenamtlich tätige Senioren-Experten und von ihnen gecoachte Jungunternehmer unter Beweis stellen, dass Wagemut der Jugend und Erfahrung und Durchhaltevermögen des Alters gleich wichtig für den wirtschaftlichen Erfolg eines Unternehmens sind. Der Verein *„Kernzelle"* der bundesweiten *„Alt hilft Jung"- Initiative*, wendet sich ebenfalls gegen jungendorientierte Personalpolitik und plädiert für Ältere als Coach in den Betrieben. Der Verein setzt auf integratives Lernen von Jung und Alt, Mentoring für Berufseinsteiger. Im Internetauftritt des niedersächsischen Vereins heißt es: *„Die „Alt hilft Jung" Wirtschafts-Senioren Hannover e. V.* beraten und betreuen junge Unternehmer in der Orientierungsphase der Existenzgründung. Selbstständige, eigenverantwortliche Berufstätigkeit wird von einer wachsenden Zahl junger Menschen angestrebt. Mehr denn je zuvor braucht die Wirtschaft die Initiative, die Kreativität, neue, unverbrauchte Ideen, Wagemut und Durchhaltekraft junger Menschen." Fundiertes Fachwissen, handwerkliches Können sind gute Voraussetzungen. Und in der Regel auch vorhanden.

Erfolg hängt jedoch auch von branchenübergreifenden Faktoren ab. Geschriebene, mehr noch ungeschriebene Regeln und Vorschriften gilt es zu beachten. Senior-Experten aus Wirtschaft, Verwaltung und freien Berufen haben ihre Erfolge (und auch so manchen Rückschlag) in Führungspositionen erlebt. Sie kennen sich in den Tücken des beruflichen Alltags aus. Sie haben wertvolle Erfahrungen oft unter widrigen Umständen gemacht und gespeichert.

Wagemut und Erfahrung – beide sind wichtig für den wirtschaftlichen Erfolg eines Unternehmens! Seit 1981 ist aus dieser Erkenntnis, ausgehend von Hannover, eine bundesweite Organisation geworden. Inzwischen sind allein im Beratungsgebiet der Geschäftsstelle Hannover über 8000 Geschäftsgründungen, 10000 Einzelberatungen auch von Mittelständlern, betreut worden. Allein in Hannover sind mehr als 30 ehemalige Vorstandsmitglieder, Unternehmer und leitende Angestellte gratis tätig. Nur die entstehenden Verwaltungskosten werden in Rechnung gestellt.

Alt hilft jung: „Wir helfen behördliche Hürden zu nehmen, suchen und finden Wege zur Existenz sichernden Finanzierung, helfen bei der Installation der Buchhaltung, zeigen jungen Unternehmern aber auch, welchen unverzichtbaren Wert die (oft ungeliebte) Buchführung für die Sicherung der wirtschaftlichen Existenz hat. Wir informieren über den richtigen Weg zur „gerechten", gewinnbringenden Preisgestaltung, Wir helfen, potenzielle Märkte zu erkennen und zu bearbeiten. Wir zeigen, wie man Kunden wirbt und hält." (www.alt-hilft-jung.de bundesweit). Der Vorsitzende der Vereins, Klaus Weber, betont überdies, dass geschäftliche Beratungen „oft in eine allgemeine Lebensberatung übergehen, was deutlich macht, dass hier Senioren ihre Lebenserfahrung mit Erfolg weitergeben".

KAPITEL 12

Netzwerke im schulischen Bereich

An den Schulen sind allenthalben Bemühungen um eine Kooperation zwischen den Generationen im Gang. So bietet das Land Rheinland-Pfalz beispielsweise an Hauptschulen in den Klassen 9 und 10 als ganzjähriges Wahlpflichtfach ein Praktikum im gerontopsychiatrischen Bereich in Altentageskliniken und Altenförderzentren an. Wöchentlich zwei Stunden betreuen Schüler dort alte Menschen. Im Gymnasium Oberhaching bei München wird bereits seit zehn Jahren regelmäßig eine „Soziale Woche" in der 10. Klasse durchgeführt, wobei Schüler und Schülerinnen zwei Wochen lang in einer sozialen Einrichtung ihrer Wahl oft mit behinderten und alten Menschen arbeiten, um im Umgang mit ihnen ihre Persönlichkeit zu entwickeln, Teamgeist und Solidarität kennen zu lernen und damit ihre soziale Kompetenz zu erweitern. Hierdurch sollen die Defizite beseitigt werden, die sich in doch eher „verkopften" Gymnasien ergeben.

Als Zeitpunkt wurde die schulaufgabenlose Zeit vor dem Zwischenzeugnis gewählt. Die jungen Leute müssen zunächst einige psychologische Hemmschwellen überschreiten, um mit fremden und einer anderen Generation angehörenden Menschen Kontakte aufbauen zu können. Dies sei eine wichtige Lektion, die man nicht in Büchern finde, resümierten die Schüler. Die Mehrheit beurteilt das soziale Praktikum daher positiv. Im Anschluss an die soziale Woche berichten die Jugendlichen in Referaten oder in selbst produzierten Videofilmen über die eigenen Erlebnisse. Fazit von Schüler Markus Löffler: „Ich hatte oft die Aufgabe, einer alten, blinden Dame das Essen einzugeben, wobei ich mich gut mit ihr unterhielt und ihr von mir erzählte oder ihr zuhörte, während sie von ihrem Leben berichtete. Ich hatte guten Kontakt auch zu anderen alten Leuten und habe viel Interessantes von ihnen erfahren."

Beim *„Generationennetzwerk Umwelt“* in Brandenburg werden hingegen Generationen übergreifende Ansätze in der Umweltbildung beschritten. So haben sich dort Schüler innerhalb des Generationennetzwerks des Themas Wasserversorgung angenommen und in ihrem Umfeld für die Nutzung von Regenwasser stark gemacht. Im Rahmen eines weit gespannten Internetforums, das als Service vom Bundesfamilienministerium angeboten wird (www.generationendialog.de) wurde auch eine Patenschafts-Agentur entwickelt, die Freundschaften und Kooperationen zwischen Schülern und Senioren anbahnt. Unter der Adresse www.biffy.de *(Big Friends for Youngsters)* wirbt die Institution für Förderung von Jugendlichen durch ältere Menschen, so wie es früher innerhalb der Verwandtschaft üblich war, um das beiderseitige Bedürfnis nach Austausch, Verbundenheit und Orientierung zu stillen. Mit „Wahlverwandtschaften“ versucht *biffy* sehr erfolgreich, den bestehenden Mangel auszugleichen, indem es wohltuende Kontakte zwischen engagierten älteren Menschen und Schülern vermittelt.

Während der Modellphase von *biffy* sollte erprobt werden, ob und in welchem Ausmaß ein Bedarf und Interesse an einem Patenschafts-Netzwerk besteht. Nach der Modellphase wurden die Ergebnisse von der Universität Ulm als sehr erfolgreich evaluiert. Bei deutlichem Bedarf wurden inzwischen mehr als 260 Patenschaften angebahnt, in denen von den Paten insgesamt 20 000 Stunden Freude und individuelle Förderung verschenkt wurden. Inzwischen gibt es ein Netzwerk von Anlaufstellen in mehreren deutschen Städten: Berlin, Düsseldorf, Hamburg, Wismar und Wolfenbüttel, Falkensee, Magdeburg, Leipzig, Braunschweig, Gelsenkirchen, Ulm., die untereinander vernetzt sind. *Biffy* wird in Deutschland von der *Deutschen Kinder und Jugendstiftung (DKJS)*, den verschiedenen Standorten, sowie Wohlfahrtsverbänden unterstützt. Die Paten sind engagierte ältere Erwachsene, die ihre eigene Jugendzeit noch nicht vergessen haben und neugierig auf junge Menschen sind, ihnen Freundschaft, Interesse und Förderung bieten wollen.

Die Kinder und Jugendlichen zwischen 7 und 17 Jahren sollten Lust auf gemeinsame Unternehmungen mit älteren Erwachsenen haben, auch auf Gespräche mit ihnen, oder sie suchen Begleitung und

Unterstützung bei der Entfaltung ihrer Interessen und Potentiale, oder sie brauchen Orientierung in schwierigen Lebensphasen. Die Patenschaften entstehen schließlich unter Mitwirkung professioneller Mitarbeiter (Sozialpädagogen oder Pädagogen), die mit den Kindern, ihren Eltern und den Paten ausführliche Gespräche führen, um die Wünsche aller Beteiligten kennen zu lernen. Die ehrenamtlichen Paten bekommen ein vorbereitendes Mentoring-Training und müssen ein polizeiliches Führungszeugnis vorlegen. Auf Kennenlern-Veranstaltungen können sich Paten und Kinder treffen und Sympathien entwickeln.

Über regelmäßige Treffen und gemeinsame Unternehmungen kommen Paten und Schützlinge sich näher, wächst die gegenseitige Anteilnahme und das Vertrauen. Dieser „Dialog der Generationen" ist für beide Seiten hilfreich und förderlich und leistet einen positiven Beitrag zur Lebensperspektive der Schüler.

Das gut funktionierende Mentoren-Programm des Jugendbüros in Neu-Isenburg ist ein weiteres, gelungenes Beispiel von Netzwerken für Jung und Alt: Das Büro ist eine Einrichtung der Stadt Neu-Isenburg für Jugendliche im Übergang von Schule in den Beruf. Das Team des Jugendbüros begleitet Jugendliche beratend, bereitet in Seminaren aller Schulzweige aufs Berufsleben vor und sucht bei Bedarf das vermittelnde Gespräch mit Eltern, Schule und Ausbildungsstelle. Als Fachstelle der Jugendberufshilfe ist das Jugendbüro nicht nur Anlaufstelle für Jugendliche, sondern – zusammen mit der Wirtschaftsförderung – auch Ansprechpartner für Ausbildungsbetriebe und Mitorganisator für Arbeitskreise und Initiativen zur Verbesserung der örtlichen Ausbildungssituation. Zum Zeitpunkt, da diese Zeilen geschrieben werden, sind über das Jugendburo 174 Ausbildungsstellen bei Neu-Isenburger Betrieben ausgeschrieben (www.jugendbuero.neu-isenburg.de)

Das Angebot des Büros umfasst außer Beratung für den Übergang von Schule zum Beruf Seminare zur Berufsvorbereitung, Bewerbungstraining, ausbildungsbegleitende Hilfen und eben auch ein Metoring-Programm mit dem Titel „Alt hilft Jung", das seit 1997 besteht. Hochqualifizierte Senioren bieten darin ehrenamtlich und gemeinsam mit dem professionellen Team des Jugendbüros beispielsweise

Nachhilfe in Mathematik, Deutsch, Englisch und EDV-Training an, helfen bei Praktika oder Bewerbungen. Der Einsatz ist so positiv, dass das Mentoring-Programm beim Bundeswettbewerb 2000 „Dialog der Generationen“ den ersten Preis belegt hat.

Einen weiteren Preisträger stellt das Kinder- und Jugendfilmzentrum in Deutschland (www.kjf.de), ein vom Familienministerium gefördertes Institut, das in der verwirrenden Medienwelt Orientierung, Beratung und Wettbewerbe bietet. In Generationen übergreifenden Filmteams von Älteren ab 50 und Jüngeren unter 26 erstellen die Filmbegeisterten selbständig und bei freier Themenwahl und Gestaltung Videos – ein Ansatz, der einzigartig in Deutschland ist und zum gut dotierten Deutschen Jugend-Videopreis „Video der Generationen“ geführt hat.

Ein Computerkurs der besonderen Art führt Senioren in die Welt des Internets ein: Ihre Lehrer sitzen selbst noch auf der Schulbank. In Kursen *„Alt und Jung – online“* der Initiative *„Regsam“* in München lernen sie, die Reise nach Ägypten zu planen, Kochbücher zu durchforsten und das alles bequem von zu Hause aus: Nämlich im Internet. Ziel auch dieser Kurse ist es, die Generationen zusammen zu führen, sie werden von Schülern geleitet. Schüler entwerfen Skripts für die Kurse, machen selbständig die Senioren mit Neuem vertraut und üben mit ihnen das Erlernte. Nach dem ersten gemeinsamen Eintauchen ins Internet dürfen die Senioren selbständig surfen. Jugendliche Lehrer und ältere Schüler verstehen sich prächtig und duzen sich schon meist in der ersten Kursstunde. Auch wenn der 17-jährige Kursleiter Tobias erst mal „gemischte Gefühle“ gehabt hatte, als Jugendlicher Menschen etwas beizubringen, die seine Großeltern sein könnten. Er war schließlich beeindruckt von der Wissbegierde seiner Kursteilnehmer, die einer vermeintlich technikfeindlichen Generation angehören.

In dem seit 2002 bestehenden intergenerationellen Mentoren-Projekt *„Der Pate“* in Köln und Porz/Finkenberg, angeboten von *Ceno, Centrum zur nachberuflichen Orientierung*, begleiten und beraten ältere Erwachsene Jugendliche beim Übergang von der Schule ins Erwerbsleben und verpflichten sich gegenseitig zu einer anderthalb bis zweijährigen Patenschaft, die offiziell spätestens bis zum erreichen eines Ausbildungsplatzes oder dessen Alternative andauert. Bei den Jugendlichen im Alter von 16 bis 18 Jahren handelt es sich teilweise um Schüler mit Migrations-Hintergrund und teilweise auch mit deutschen Sprachproblemen. In erster Linie sind es Jugendliche, die sich freiwillig für diese Chance der bilateralen Begleitung durch einen älteren Erwachsenen entschieden haben, um den Übergang ins Berufsleben erfolgreich zu meistern. Bei der Verbesserung ihrer Fertigkeiten werden sie sowohl durch die Paten als auch durch weitere Kooperationspartner des Projekts kontinuierlich unterstützt. Die Paten werden innerhalb eines Seminars auf ihre Rolle als Mentor vorbereitet und während des Projekts durch *Ceno* begleitet.

Das Projekt richtet sich an junge Leute vor dem Schulabschluss, auf diese Weise dient es der Vorbeugung von Jugendarbeitslosigkeit. Ziele der Patenschaft sind die Entwicklung von Perspektiven für die Jugendlichen und eine sinnvolle Aufgabe für ältere Menschen, beide können eine dauerhafte Beziehung zu einander aufbauen, was bisher immer erreicht wurde.

Unter anderem auch, weil die Senioren auf Grund von Steckbriefen unter den interessierten Schülern auswählen dürfen. So berichtete die Patin Marlene Reinighaus: „Zu Menschen aus Russland habe ich schon immer eine Verbindung und mentale Nähe gehabt." Daher hat sie sich für eine Russin entschieden. Als sie ihr Patenkind Elena zum ersten Mal sah, war auf Anhieb Sympathie da. Ein anderer Pate erzählt, dass sich nach der ersten Zurückhaltung seines Patenschülers ein nahezu väterlich-freundschaftliches Verhältnis aufgebaut habe, das sich weit ins Private ausgedehnt hat.

Die Senioren schenken Zeit, begleiten die Jugendlichen zu Ämtern oder Vorstellungsgesprächen und hören zu, was sie über Konflikte mit Eltern, Lehren und im Freundeskreis zu erzählen haben. Die Hilfestellungen der Älteren umfassen das Lösen von Mathe- und Deutschaufgaben ebenso wie tatkräftige Unterstützung bei Bewerbungsschreiben. Mittlerweise haben die Paten einen hervorragenden Stand in den Schulen errungen. Was stark an ihrer Glaubwürdigkeit liegt, da sie keine Fremdinteressen vertreten, sondern echtes Interesse an den Schülern zeigen. Schwierig ist es für die älteren Paten vor allem, den Jugendlichen seinen Weg selbst finden zu lassen und ihn nicht zu etwas zu drängen, was sie selbst für das Beste für ihn halten.

In Dortmund wurde das Projekt *„Alt begleitet Jung in Dortmunder Arbeitswelten"* gegründet. Initiiert haben das Projekt die Stadt Dortmund mit dem Verein schul.inn.do und die *ZWAR* Zentralstelle Nordrhein-Westfalen. Auch diesmal begleiten Senioren Schüler und Schülerinnen an Dortmunder Schulen als Coach auf ihrem Weg in die Betriebe, in denen sie selbst bis vor Kurzem noch gearbeitet haben. Durch die kreative Zusammenarbeit von Schulamt und *ZWAR* kam es 2005 zu einem fruchtbaren Austausch zwischen den Generationen. Ziel war nicht nur die Umsetzung der Alt-Jung-Partnerschaften 2005, sondern auch die gemeinsame Erarbeitung von Standards, um die Erfahrungen und die Idee der Praktikumsbegleitung in andere Kommunen hinein zu tragen.

Der Integration von jugendlichen Spätaussiedlern nimmt sich in einem Kooperationsprojekt unter anderem auch der *Deutsche Senioren Ring e. V.* an. Das Deutsche Rote Kreuz, Kreisverband Mannheim konzipierte das Modell, das vom Bundesinnenministerium 2000 initiiert wurde und jugendliche Aussiedler bei ihrer Integration in die deutsche Gesellschaft unterstützt.

Erschwert wird diese Integration durch Ghettobildung, das Gefühl der Isolation, mangelnde Sprachkenntnisse, und dem Aufeinanderprallen kultureller Unterschiede. Zudem rücken die erschwerten Bedingungen, den Anforderungen von Schule und später Arbeitswelt genügen zu müssen und die nicht vorhandenen Netzwerke eine erfolgreiche Perspektive in weite Ferne. Um ihnen bei der Integration zu helfen, wurden die jungen Spätaussiedler zwischen 12 und 27 Jahren, die vornehmlich aus Kasachstan stammten und überwiegend in einem Übergangswohnheim lebten, von einem hauptamtlichen Sozialpädagogen, Studenten der Mannheimer Hochschule für Sozialwesen, den Senioren des Deutschen Seniorenrings und freiwilligen der Organisation *„Mach mit"* betreut.

Die Senioren übernahmen die Aufgabe, durch interkulturelle Begegnung und Angebote der Freizeitgestaltung eine bessere Integration zu erreichen. Sie trafen sich alle zwei Wochen mit den Jugendlichen, waren gemeinsam Bowlen, im Konzert oder Schlittschuhlaufen und haben durch finanzielle Hilfen weitere Unternehmungen ermöglicht. Dadurch konnten die jungen Spätaussiedler ihre Deutschkenntnisse verbessern und Einblicke in die deutschen Gepflogenheiten gewinnen.

Genau andersherum, nämlich von Jung zu Alt, flossen Zuwendung und Engagement in einer Hauptschule in Ismaning, deren Schülern im Teenageralter zunächst kaum jemand so viel Empathie zugetraut hatte: Zwölf Siebtklässler waren über Monate Gäste im örtlichen Bürgerstift. Dort kümmerte sich jeder von ihnen um einen pflegebedürftigen alten Menschen. Junge wurden so zu Paten von Alten.

Zum Beispiel Stefan, der jeden Dienstag Nachmittag an die Tür eines Seniors klopfte, der für ihn bis dahin ein völlig Fremder war. Eigentlich hatte Stefan sich eine betagte Dame ausgesucht, bei der er regelmäßig vorbeischauen wollte. Aber bei seinem Antrittsbesuch war diese Dame nicht im Bürgerstift, deshalb führte man Stefan stattdessen in das Zimmer des bettlägerigen Mannes, der nicht mehr sprechen konnte. Dessen Frau ließ ihn aber wissen, er freue sich sehr über jungen Besuch. „Als der Herr anfing, mit den Händen zu reden, hab ich immer mehr rausgekriegt, was er meinte. Ich verstehe ihn jetzt einwandfrei“, so Stefan.

Anfangs ging die gesamte Klasse ins Bürgerstift, um Kontakte zu knüpfen. Auf Initiative von Doris Haas und ihrem Verein *„Der Kreis – Jung hilft Alt“* war der Kontakt zustande gekommen. Doris Haas versucht, junge Menschen dafür zu gewinnen, sich mit Senioren zu treffen, die nicht mehr zu Hause leben können und darauf angewiesen sind, Zeit geschenkt zu bekommen.“ Die Schüler ließen sich spontan darauf ein, diese Begegnung der Generationen zu wagen. Auch Rektor Günther Rudolf und Vertreter des Lehrerkollegiums haben mit geholfen, das Projekt aus dem Lehrplan heraus zu entwickeln. Dort ging es um „Alte Menschen“, Erfahrungen sollten angebahnt und das Thema Alter auf diese Weise den Schülern nahe gebracht werden, weil sie selbst oft in kleinen Familien ohne Großeltern leben.

Los ging es dann richtig nach einer Führung der Klasse durch die gesamte Pflegeeinrichtung und einem Elternabend, bei dem sich noch etliche Erziehungsberechtigte sehr skeptisch geäußert hatten.

Sie konnten sich nur schlecht vorstellen, „dass die Kinder mit Pflegebedürftigen arbeiten können". Und siehe da: Immerhin die Hälfte der Klasse blieb dem Projekt treu. Zwölf Jungen und Mädchen ließen sich von Doris Haas und den Mitarbeitern des Bürgerstifts vermitteln und pflegten danach ihre Kontakte weitgehend selbständig.

So erzählten die Schüler den alten Menschen von ihrem Schulalltag, spielen mit ihnen am Laptop und bleiben immer ein bis zwei Stunden. Andere fahren einmal die Woche Rentnerinnen im Rollstuhl spazieren und zeigen ihnen die Jahreszeiten im Schlosspark. „Am Anfang", erzählt Nicole, „hatten wir Angst, die falschen Fragen zu stellen. Nach ihrem Mann zum Beispiel. Es wäre ja blöd, wenn der schon tot ist." Schließlich haben sie doch gefragt und waren erstaunt, wie gelassen die alte Dame erzählt hat, wann er gestorben ist und wie er war.

Schulferien sind für diese Art Patenschaft nicht vorgesehen. Die Schüler besuchen ihre alten Bekannten auch den Sommer über. Rektor Rudolf zufrieden: „Das ist eine Schulung der sozialen Mitverantwortung, und ich finde es großartig, dass die Kinder diese spüren."

Auch in Bünde besteht ein ehrenamtlicher Besuchsdienst, den die *Arbeitsgemeinschaft Evangelische Krankenhaus-Hilfe e. V.* im Altenpflegeheim Jacobi-Haus Bünde eingerichtet hat. In dem seit 1992 bestehenden Projekt *„Grüne Patenschüler"* in Bünde, initiiert von der damaligen Vorsitzenden der „Grünen Damen" im Jacobi-Haus, dem Rektor der Realschule in Bünde Nord und der damaligen Heimleitung des Jacobi-Hauses, ist es gelungen, junge Menschen in den Alltag des Altenheims zu integrieren. Für ein Jahr betreuen Schüler der zehnten Klassen verbindlich einmal wöchentlich Heimbewohner, die nur wenig Besuche von Verwandten erhalten. Zum Aufgabengebiet der jeweils 12 bis 15 Mädchen und Jungen gehört die Begleitung bei Erledigungen und Einkäufen, gemeinsame Spaziergänge und Spiele, das Vorlesen von Geschichten, Zuhören und Erzählen. Damit bringen die Schüler Zeit für Dinge mit, die im Heimalltag auf Grund der finanziellen Rahmenbedingungen sonst kaum möglich sind. Die Schule ist durch den Gedanken motiviert, soziales Engagement und die Bereitschaft zur Übernahme von Verantwortung bei den Jugendlichen zu fördern. Mit dem „Anwerben" neuer Schüler gibt es keine Probleme.

Im Gegenteil: Das Projekt ist so beliebt, dass das Los zwischen den Bewerbern entscheiden muss.

Beim ersten Kennen lernen werden die Schüler von einer „Grünen Dame" begleitet und erhalten so das nötige Rüstzeug im Umgang mit den alten Menschen. Auch danach übernehmen die Grünen Damen die wichtige Aufgabe, die Jugendlichen begleitend zu unterstützen. Mit ihren wöchentlichen Besuchen bringen die Schüler und Schülerinnen Abwechslung und Freude ins Leben der Bewohner. Auch wenn der Kontakt vor allem zu Anfang nicht immer ganz leicht ist, entwickeln sich über das Schuljahr häufig intensive Beziehungen, die manchmal auch nach Ablauf des Jahres fortbestehen. Der Einsatz der „Grünen Patenschüler" ist so eine Bereicherung für alle Beteiligten.

Auf Kontakt zwischen Jung und Alt über die Musik setzt ein Projekt der Elternakademie im *Elternverein Baden-Württemberg e. V.*, das eine Ausbildung zum Musik- und Bewegungsmentor anbietet. Das Motto: Wer unterschiedliche Menschen zusammen bringen will, muss eine gemeinsame Sprache – in diesem Fall die Musik – finden. Das Projekt setzt sich für den Erhalt der musischen Bildung in den Familien, Kindertagesstätten und Schulen ein. Hierfür werden Menschen aller Generationen, die am Erziehungsprozess beteiligt sind, zu Musik- und Bewegungsmentoren ausgebildet. Vermittelt werden Fertigkeiten rund ums Sprechen und Singen, Eltern-Kind-Singen, Gebärdenspiele und das erste Schlaflied. Der Umgang mit Medien, Anleitung zum gemeinsamen Musikhören mit Kindern und die Betreuung des Volksliedgutes sind ebenso Gegenstand wie die Vermittlung der elementaren Wichtigkeit von Musik und Sprache – denn das erste Sinnesorgan, das sich im Mutterleib bildet und das Letzte, das beim Menschen stirbt, ist das Ohr. Das Besondere des Projekts besteht darin, dass interdisziplinär und intergenerationell alle am Erziehungsprozess Beteiligten angesprochen werden und nur unter der Voraussetzung Kurse stattfinden, dass alle Generationen vertreten sind. Die Ausbildung ist so gestaltet, dass die Mentoren ihr Wissen überall einsetzen können, zu Hause ebenso wie in der Schule, in Vereinen oder kirchlichen Organisationen. Im Anschluss an die Ausbildung bleibt die Elternakademie Betreuungs- und Kontaktstelle und bietet interessierten Mentoren Weiterbildungen an.

Gemeinsames Singen verbunden mit Bewegungsübungen ist ein nonverbales Kommunikationsmittel, das eine emotionale Umstimmung, eine erweiterte Erlebnisfähigkeit und dadurch eine Veränderung des Verhaltens bewirkt. Gemeinsames Singen macht Freude, dient der persönlichen Entfaltung und hilft über Alters- und Ländergrenzen hinweg, neue Freunde zu gewinnen. Durch die musikalische Einstimmung findet man zur Harmonie. So fördert Musik die Dialogfähigkeit von ganz unterschiedlichen Menschen.

Gemeinsame „Spurensuche" will der *„Verband ländlicher Heimvolkshochschulen Deutschlands Jugend – und Erwachsenenbildung e. V."* mit Workshops vorantreiben, der sich zunächst an Pädagogen der Heimvolkshochschulen richtete, um anschließend Projekte mit Alt und Jung vor Ort durchzuführen. In der Anknüpfung an die Alltagsgeschichte im Gegensatz zur politischen Geschichte soll nun aus einer Fülle von Themen des Lebens geschöpft werden: Regionale Rezepte, Rituale oder beispielsweise die Bedeutung von Straßennamen können ebenso Gegenstand der „Spurensuche" werden, wie die Frage nach dem dörflichen Umgang mit Sonderlingen, Flüchtlingen und Außenseitern. Dabei sollen Jung und Alt gemeinsam ein Thema erforschen und am Blickwinkel und Wissensstand des jeweils anderen lernen. So kann zum Beispiel das Wissen der Älteren über vergangene Bräuche (Jung befragt Alt) mit dem medialen Vorsprung der Jungen kombiniert werden (Jung recherchiert im Netz). Politische Geschichte, die in den Hauptstädten gemacht wird, wird so greifbarer und lebendiger. Das Projekt will den Dialog von Alt und Jung im ländlichen Raum fördern. Alte Menschen und Schüler sollen darauf aufmerksam gemacht werden, welche Schätze der eigene, ländliche Standort birgt und so ihr Selbstbewusstsein stärken.

Über die geistige Fitness versucht der *„Bundesverband Gedächtnistraining e. V."* die Generationen zusammen zu bringen. Damit ist nicht nur die komplizierte Rechenaufgabe gemeint, sondern auch die Schulung von Wahrnehmung und Aufmerksamkeit. „Ich packe meinen Koffer" und „Memory" sind vielleicht die bekanntesten spielerischen Annäherungen an das Thema Gedächtnis. Sie demonstrieren vor allem eins: Gedächtnistraining kann überall und jederzeit Generationen übergreifend praktiziert werden, es fordert und fördert die

Gehirne von Alt und Jung gleichermaßen und macht auch noch Spaß. Der Bundesverband für Gedächtnistraining bildet bundesweit Gedächtnistrainer aus und setzt sie an Schulen, Volkshochschulen und Alteneinrichtungen und Krankenhäusern ein. Am „Tag der geistigen Fitness", der am 25. September 2004 deutschlandweit stattfand, haben sich in 12 Städten Mitarbeiter des Verbandes dafür eingesetzt, dass der Gedanke an ganzheitliches Gedächtnistraining Verbreitung findet. Dies scheint gelungen: An den intergenerationell konzipierten spielerischen Angeboten und „Schnupperkursen" haben über 1000 Menschen von 8 bis 82 Jahren mit Begeisterung teilgenommen, den „Gedächtnistraining-Parcours" durchlaufen und gemeinsam Rätsel gelöst. Gedächtnisspiele machen Jung und Alt Spaß, fordern die geistige Beweglichkeit aller Generationen.

Tief verankert im bürgerschaftlichen Engagement übernimmt auch die *Volkssolidarität Regionalverband Mittelthüringen e. V.* Generationen übergreifende Aufgaben: So hat der Erfurter Verband seit 2002 in Zusammenarbeit mit der Grundschule „J.und W. Grimm", die sich als Europaschule ausweisen kann, ein Projekt zwischen Schülern und Senioren ins Leben gerufen. Der Impuls dazu ging von den Senioren aus: Sie betreuen die Schüler der 1. bis 4. Klassen, feiern gemeinsame Feste und gestalten einmal jährlich eine Vernissage, in der die Arbeiten der Schüler ausgestellt werden. Heute sind die Senioren voll in den Schulalltag integriert. „Die gucken nicht nur, sondern arbeiten wirklich in der Schule mit", berichtet eine Lehrerin über die enge Kooperation. Die Mitglieder der Volkssolidarität sammeln Spenden für die Schule und im Rahmen des Unterrichts in Deutsch, Musik, Zeichnen und Ethik werden von den Schülern Themen erarbeitet, die aus einer Generationen übergreifenden Perspektive behandelt werden. Anliegen des Projekts ist es, durch gegenseitige Achtung und Verständnis den Kindern Wertmaßstäbe für ihr Leben an die Hand zu geben.

Auch der *Deutsche Senioren Ring e. V. Thüringen* macht sich für die junge Generation stark: So ist unter anderem ein Bus-Begleitdienst für Schüler geplant, da viele Schüler der Region morgens lang im Bus sitzen. Die Arbeit zum Thema Alt und Jung in Suhl wird getragen von der engen Zusammenarbeit und Nachbarschaft zur Paul-

Greifzu-Schule und der Volkssolidarität. Keine 600 Meter von der Schule entfernt treffen sich Schüler nach dem Unterricht und junge Menschen bis 30 im Jugendclub. Diese Begegnungsstätte zählt monatlich 600 bis 1000 Besuche von Kindern und Jugendlichen, die zum Teil nach der Schule keine Ansprechpartner haben und dort mit den älteren Teilnehmern des Projekts den Nachmittag verbringen.

Darüber hinaus werden im Unterricht Generationen übergreifende Themen bearbeitet, gemeinsam Feste gefeiert und die „Zooschule" von Jung und Alt bestritten. Der Generationen übergreifenden Ansatz wird auch auf städtischer Ebene weiter verfolgt: Beim ersten Suhler *„Dialog der Generationen"*, mit angestoßen vom Seniorenbeirat der Stadt, wurden von Seniorenvertretern, Schülern, Lehrern und Jugendlichen öffentlichkeitswirksame Gesellschaftsthemen verhandelt und gemeinsame Positionen diskutiert. Dieser Dialog soll in Zukunft jährlich mindestens zweimal stattfinden.

Das seit Oktober 2002 bestehende Modellprojekt des *Seniorenbüros Saale-Holzland-Kreis* und des *Bildungswerks BLITZ e. V.* verfolgt einen zweifachen Ansatz: Schüler der 8. bis 11. Klassen werden zu Lehrern der Senioren und umgekehrt unterrichten Senioren Schüler. Die Lerninhalte richten sich nach den Kompetenzen und dem Wissensstand beider Generationen. So geben Schüler vor allem ihren Wissensvorsprung im Umgang mit Computern, Handys und dem Internet, aber auch ihre Sprachkenntnisse an die Senioren weiter. Im Gegenzug bereichern Senioren in Arbeitskreisen oder Erzählcafés den Unterricht durch ihre Lebenserfahrungen.

Erklärtes Ziel des Projekts ist es auch hier, außerfamiliäre Begegnungen zwischen Jung und Alt zu ermöglichen, Generationen ins Gespräch zu bringen, Vorurteile abzubauen und die jeweils andere Lebenswelt zu erschließen. Durch den Kontakt soll die Akzeptanz zwischen den Generationen gefördert und die Überzeugung, dass es möglich ist, voneinander und miteinander zu lernen. Der Erfolg bemisst sich am Zustandekommen immer neuer Kurse. Allerdings brauchen Alt-Jung-Projekte eine gute Vorarbeit, interessierte Kooperationspartner und ständige Betreuung und Koordination – das bedeutet einen hohen Arbeitsaufwand, der von Ehrenamtlichen allein kaum geleistet werden kann. Für das nachhaltige Fortbestehen solcher Projekte über die Modellphase hinaus ist es also notwendig, dass die Schulen Alt-Jung-Projekte als integralen Baustein ihres Schulalltags begreifen.

Gerade die engagierten Schüler und Senioren, die in die lehrende Rolle schlüpfen, gewinnen an Selbstvertrauen. Die jungen „Lehrer" können sich auf experimentelle Weise ausprobieren und ihren Selbstwert erfahren. Die älteren „Lehrer" erleben positiv, dass Interesse an ihren Fähigkeiten besteht, sie sich verständlich machen können und gebraucht werden. Als positive Reaktion auf das Projekt sind Lust und Spaß am Lehren und Lernen spürbar – auch die Nachfrage nach weiteren Kursen zeigt das anhaltende Interesse der Beteiligten.

Seit 2002 stand die Zusammenarbeit der Generationen auch im Focus des Hamburger Senats. Dies geht aus dem Bericht zum Bürgerschaftlichen Ersuchen *„Patenschaften der Generationen"* vom 6. Februar 2002 hervor. Die Bürgerschaft hatte den Senat ersucht, „verschiedene Pilotprojekte in unterschiedlichen Hamburger Stadtteilen einzurichten und durch Schulen, Häuser der Jugend zu fördern. Kurz darauf wurde die Landesinitiative „Hamburg engagiert sich" gegründet und die Senatorin Birgit Schnieber-Jastram legte zusammen mit dem *AKTIVOLI-Netzwerk* ein Konzept zur Stärkung des Ehrenamtes vor. Das Konzept trug dazu bei, Generationen übergreifende Projekte abzusichern und die Verwirklichung neuer Ideen zu *„Patenschaften der Generationen"* zu fördern.

Neben dem Ausbau bereits bestehender Generationen übergreifender Ansätze vor allem in Schulen, Kindertagesstätten, offener Kinder- und Jugendarbeit und in Senioreneinrichtungen wurden im Rahmen des Bürgerschaftlichen Ersuchens eine Reihe neuer Projekte initiiert und erstmals unterstützt. Darunter verdienen im schulischen Bereich vor allem die Einführung von Biografieprojekten in die schulische Projektarbeit Erwähnung, zum Beispiel gemeinsame Stadtteilerkundung von alten und jungen Menschen und die Entwicklung eines Nachmittagsangebotes *„Jung und Alt in Bewegung"* im Rahmen des Modellprojekts zur Zusammenarbeit von Schule und Jugendhilfe PROREGIO. Sowie die Förderung der Veranstaltungsreihe *„Diskussionsforum Generationen – Leben in Hamburg von 8 bis 80"* des Trägers *„Graue Panther"*.

KAPITEL 13

Projektbüro als Anlaufstelle

Eine wichtige Stelle als Kristallisationspunkt und bundesweite Anlaufstelle, die auch international eingebunden ist, nimmt im Bereich Netzwerke Jung und alt das Projektbüro *„Dialog der Generationen“* (www.generationsdialog.de) ein. 1994 startete vor dem Hintergrund der dramatischen demographischen Entwicklung, die der Jugend künftig eine Minderheitenrolle zuschreibt, die Kampagne zur Verbesserung des Dialogs zwischen den Generationen. Im Zuge dieser Initiative des Bundesministeriums für Familie, Senioren, Frauen und Jugend entstand 1997 in Berlin das Projektbüro, das bis heute vom Ministerium gefördert und vom Theaterwissenschaftler und -pädagogen Volker Amrhein geleitet wird.

Als bundesweit operierende Serviceeinrichtung berät, begleitet und vernetzt es Generationen übergreifende Projekte in ganz Deutschland. Das geschieht in Form koordinierender Maßnahmen in den einzelnen Bundesländern (Regionalgruppentreffen), durch Fort- und Weiterbildung der Akteure (Workshops, Tagungen, Kongresse) und ein breit gefächertes Service-Angebot (Datenbank, Rundschreiben, Internetauftritt). Um das Thema in die Öffentlichkeit zu tragen, werden Broschüren und Datenträger herausgegeben, Radio- und Fernsehauftritte, vor allem aber Gremien und Veranstaltungen genutzt, die Impulse zum Aufbau von Kooperationen aussenden. Präsent ist das Büro auf Jugendhilfe- und Seniorentagen und den Kongressen Sozialer Arbeit, aktiv im *Bundesnetzwerk Bürgerschaftliches Engagement* und für den Wettbewerb *„Video der Generationen“*.

Neben diesen Pflichtaufgaben gibt es Beteiligungen an den Programmen *„Big Friends für Youngsters (biffy) – Große Freunde für junge Leute –“* sowie *„Generationen Netzwerk Umwelt – Programm zur Förderung der seniorenbezogenen und Generationen übergreifenden Umweltkommunikation“*. Im Bundesnetzwerk *Bürgerschaft-*

liches Engagement wirkt das Team in den Arbeitsgruppen *„Qualifizierung und Schule"*, *„Freiwilligendienste"* und *„Europäische Zivilgesellschaft"* mit. Im Schwerpunkt Europäische Vernetzung koordiniert es das entstehende Netzwerk für intergenerationelles Lernen in Europa (NIGEL), gefördert aus Mitteln der Europäischen Gemeinschaft im Rahmen des Grundtvig-Programms. Auf internationaler Ebene gibt es einen aktiven Part am International Consortium for Intergenerational Programmes (ICIR), einem Zusammenschluss von Mitgliedseinrichtungen aus 120 Ländern.

Die Berliner Projekt-Datenbank bietet für aktive oder künftige Generationen-Netzwerker einen guten Überblick über die Bandbreite Generationen übergreifender Projekte in Deutschland. Netzwerker haben hier die Möglichkeit, sich direkt online in die Datenbank einzutragen, den Eintrag bei Bedarf zu aktualisieren und sich so mit anderen Projekten zu vernetzen. Alle in der Datenbank eingetragenen Projekte werden zu den jährlichen Regionalgruppentreffen eingeladen. Finanzierungs-Tipps und Beteiligung an Kongressen, Beiträge in Fachzeitschriften und Projektberatung und Begleitung gehören ebenfalls zum Service der Einrichtung.

Seit dem Jahr 2000 gründet das Projektbüro Regionalgruppen mit dem Ziel, die Vielfalt der Generationen übergreifenden Arbeit in der Öffentlichkeit und unter den verantwortlichen Politikern bekannt zu machen, Interessierte für diese Arbeit zu begeistern, ProjektleiterInnen von Jung/Alt-Projekten untereinander bekannt zu machen, zu beraten und fortzubilden, die Lobby-Arbeit für Generationen übergreifende Projekte zu stärken.

Die Regionalgruppe bildet darüber hinaus eine Plattform, nationale und internationale Themen des Generationendialogs miteinander zu diskutieren. Diese Veranstaltung wird in der Regel eintägig angeboten. Vormittags werden Vorträge zu verschiedenen Themenschwerpunkten gehalten, nachmittags finden dazu Arbeitskreise statt. Während der gesamten Veranstaltung haben Projekte aus der Regionalgruppe die Gelegenheit, sich mit einem Stand beim *„Markt der Möglichkeiten"* der breiten Öffentlichkeit zu präsentieren. Das Regionalgruppentreffen findet einmal pro Jahr in den jeweiligen Regionen innerhalb der Gruppen statt.

1. Gruppe: Bayern, Baden-Württemberg, Rheinland-Pfalz und Saarland
2. Gruppe: Nordrhein-Westfalen, Niedersachsen, Sachsen-Anhalt
3. Gruppe: Sachsen, Hessen, Thüringen
4. Gruppe: Berlin, Brandenburg
5. Gruppe: Schleswig-Holstein, Mecklenburg-Vorpommern, Hamburg und Bremen.

Einmal im Jahr treffen sich alle Regionalgruppen zu einem Bundestreffen. Die Regionalgruppen werden mit Kooperationspartnern aus der Region und dem Projektbüro „Dialog der Generationen" vorbereitet. Wer Interesse hat, ein solches Treffen mit vorzubereiten, kann sich beim Projektbüro melden.

Die Regionalgruppe wendet sich an Zielgruppen wie Jung/Alt-Projekte aus der Region, Jung und Alt generell, an Landes- und Kommunalpolitiker, VertreterInnen der Wohlfahrtsverbände, Sozialarbeiter/pädagogen der Arbeitsfelder Alten-, Kinder- und Jugendarbeit, Nachbarschaftshäuser, Kommunale und krichliche Einrictungen, Schulen, Stiftungen und Sponsoren, Studierende der Berufsfelder Sozialarbeit/pädagogik, Altenpflege, Erzieherberufe und Studierende der Fachbereiche Gerontologie und Gerontopädagogik, LeherInnen, europäische und internationale Kooperationspartner und last, but not least, an Vertreter der Medien.

Im Servicebereich der Berliner Institution finden sich eine Auswahl wichtiger Vorträge zum Themenkomplex *„Dialog der Generationen"* nach Kategorien geordnet, darüber hinaus gibt es eine Bestell-Liste für Informationsmaterial, das bei Interesse kostenlos zur Verfügung steht, man kann sich eine Sammlung von Internetadressen, die nach Themen geordnet sind, sowie umfangreiche Literatur-Tipps besorgen. Das Anmeldeformular für den Newsletter mit Download-Link zum jeweils letzten Rundbrief gibt es als PDF-Datei. Überdies finden sich auf den Seiten des Büros Hinweise zu aktuellen Veranstaltungen und eine Übersicht über Wettbewerbe und deren Teilnahmebedingungen. Ingesamt eine unverzichtbare Anlaufstelle für alle „Generationen-Netzwerker", die hilft, diese zentrale Zukunfts-Idee zu verbreiten und umzusetzen.

Nach Auffassung von Projektleiter Volker Amrhein stellt der aktuell weltweit entstehende Dialog der Generationen einen Spiegel des gesellschaftlichen Wandels dar. Das lässt sich, so Amrhein, „leicht an einem Zahlenvergleich ablesen: 1995 brachte eine bundesweite Erhebung 154 intergenerative Ansätze zum Vorschein. Mittlerweile sind es, grob geschätzt mehr als 10 000 solcher Projekte. Allein in größeren Städten Süddeutschlands wie Stuttgart, Augsburg und München finden sich einige Hundert und die Tendenz ist nach wie vor steigend."

Der Grund: Die Konjunktur des bürgerschaftlichen Engagements, der Entwicklung der Ganztagsschule, eine Folge des Bundesprogramms *„Erfahrungswissen für Initiativen" (EFI)* und der Förderung Generationen übergreifender Freiwilligendienste, die gegenwärtig mit rund 10 Millionen Euro unterstützt werden. Die vielen Seniorenbüros und die in vielen Bundesgebieten entstandenen Anlaufstellen für Jung und Alt, die Beratung, Weiterbildung und Vermittlung von Kooperationspartnern bieten, tragen ebenfalls zu dieser Erfreulichen Entwicklung bei. Wissenschaftliche Studien begleiten diese Projekte, die Universität Dortmund arbeitet gegenwärtig an einer landesweiten Bestandsaufnahme und Bewertung. Auch im Medienbereich werden Generationen übergreifende Produktionen ermöglicht. Als weiteres Beispiel neben dem Wettbewerb *„Video der Generationen"* mag das Projekt *„GenMedia Ruhr – intergenerative Medienarbeit im Ruhrgebiet"* dienen, das Jung und Alt in einem gemeinsamen Lernprozess verbindet.

Sponsoren und Stiftungen stehen den Projekten sehr positiv gegenüber. So zeichnete der Bürgerpreis der Initiative *„für mich, für uns, für alle"* 2004 Personen und Projekte aus, die sich für ein besseres Miteinander der Generationen einsetzen. Die Stiftung für die Rechte zukünftiger Generationen vergibt einen Generationengerechtigkeits-Preis und das Institut für Zukunftsforschung in Berlin (IZT) verlieh seinen Zukunftspreis an eine Seniorengenossenschaft und ein schulisches Kooperationsprojekt in Mainz.

Trotzdem, so Experte Volker Amrhein, „sind mehr öffentliche Wirksamkeit und Anerkennung wünschenswert". Denn der scheinbar langen reihe von Erfolgsmeldungen steht auf Projektseite eine

Fülle von Schwierigkeiten entgegen. Schließlich steckt hinter jeder Initiative ein langer Vorbereitungsweg, denn der Dialog von Jung und Alt ist leider noch keine Selbstverständlichkeit. Zumal dem Zeitungs- oder Buchleser immer wieder die Schreckensmeldungen vom angeblichen „Krieg der Generationen" entgegen schlagen. Wer sich auf den Dialog der Generationen einlässt, hat, so der damit sattsam bekannte Volker Amrhein, mit „Vorurteilen und Ängstlichkeiten auf beiden Seiten" zu kämpfen. Es gilt, Finanzmittel aufzutreiben und für alle Seiten tolerable Rahmenbedingungen zu schaffen. „Das gilt für Kooperationen zwischen Kindertagesstätten oder Jugendclubs und SeniorInnen-Einrichtungen, das gilt aber auch für den Einzug der älteren Generation in Schulen, außerschulische Bildungsträger oder in Patenschaftsprojekte, für die Beratungsangebote essenziell und wissenschaftliche Begleitung mehr als wünschenswert ist". Genau diesen Service bietet das von Amrhein geleitete Projektbüro *„Dialog der Generationen"*.

In den letzten Jahren hat sich die Generationen übergreifende Arbeit stark ausgeweitet. Anfangs waren vor allem sozialkulturelle, spielerische, musische Angebote im Mittelpunkt, inzwischen geht es immer mehr um Berufsperspektiven von jungen Menschen. Patenschaften im schulischen Bereich, Hilfsangebote für Familien, interkulturelles Engagement sind heute zentral. Die Förderung bürgerschaftlichen Engagements bei Jugendlichen wird besonders in Baden-Württemberg durch Mentorenprogramme unterstützt.

In den neuen Bundesländern sind vor allem Beiträge Generationen übergreifender Projekte zur Strukturentwicklung gefragt. Die Probleme der Abwanderung der Jugend machen dies notwendig. Meist handelt es sich um Umweltschutz, nachhaltigen Tourismus, Wohngruppen oder den Aufbau von Schulen und Kindertagesstätten. Aber auch um die Kooperation von polnischen und deutschen Sozialarbeitern im Grenzgebiet innerhalb von Generationenprojekten. Volker Amrhein: „Der Dialog der Generationen spiegelt die gesellschaftliche Wirklichkeit wider. Er erfüllt damit eine Erwartung, die schon sehr früh an ihn geknüpft war, Medium zu sein in turbulenten Zeiten und dazu beizutragen, schwierige Transformationsprozesse in einer Atmosphäre des Miteinanders zu bewältigen."

TEIL III

Vernetzung überregional, international

KAPITEL 14

Die Enquete-Kommission

Der Deutsche Bundestag hat mit typisch deutscher Gründlichkeit als bisher einziges europäisches Parlament eine Enquete-Kommission *„Demographischer Wandel – Herausforderungen unserer älter werdenden Gesellschaft an den Einzelnen und die Politik“* eingerichtet, deren Ergebnisse nach nunmehr zehn Jahren vorliegen. Die Kommission, gebildet aus zwölf WissenschaftlerInnen und ebenso vielen Abgeordneten aller Fraktionen hatte die Aufgabe, gesellschaftliche Entwicklungen bis in das Jahr 2050 zu prognostizieren und Handlungsempfehlungen aufzuzeigen. Diese sind auch durchaus für die künftige Entwicklung von Netzwerken Jung und Alt relevant.

Darüber, dass die Einwohnerzahl Deutschlands ohne Zuwanderung von jetzt 82 Millionen auf höchstens 60 Millionen zurückgehen wird, ist sich die Wissenschaft relativ einig. Dies geht vor allem auf einen Rückgang der Geburtenrate auf 1,3 Kinder je Frau und auf einen gleichzeitigen Anstieg der Lebenserwartung auf rund 86 Jahre zurück, im Jahr 2050 liegt diese voraussichtlich bei 90 Jahren. Die Zahl der über 80-Jährigen wird bis 2050 von drei Millionen auf acht Millionen steigen. Zugleich schrumpft der Anteil an „Erwerbspersonen“ von 50 auf unter 45 Prozent. Dieser Rückgang kann nur durch bessere Ausschöpfung des Potentials, also eine höhere Frauenquote und einen höheren Anteil älterer Beschäftigter ausgeglichen werden. Ein Blick in die europäischen Nachbarländer zeigt, dass eine hohe Frauenerwerbsquote auch zu höherer Geburtenrate führt. Diese Länder schneiden auch bei der Pisa-Studie besonders gut ab, weil sie flächendeckend gute Betreuungs- und Bildungseinrichtungen vorweisen.

Die bessere Qualifizierung älterer ArbeitnehmerInnen und ein Verzicht auf kostspielige Frühverrentung sind der zweite wesentliche Schritt. Beide Maßnahmen könnten durch ein tragfähiges Netzwerk der Generationen, das gleichzeitig Ältere und Jüngere unterstützt, stark gefördert werden. Denn der Interessenausgleich und die Solidarität der Generationen ist angesagt und keineswegs ein „Krieg der Generationen". Laut Irmingard Schewe-Gerigk, Grünen-Politikerin und von 1995 bis 2002 Mitglied der Enquete-Kommission, sind Programme, „in denen ältere Manager jungen Nachwuchs heranziehen und den jungen Menschen die Wege aufzeigen, wie sie an die Spitze kommen können" – ein wesentlicher Weg für die Wirtschaft der Zukunft. Hierbei könnte auch auf „positiven Erfahrungen aus den Mentoring-Programmen für Frauen in der Politik und in der Wirtschaft zurück gegriffen werden. Schewe-Gerigk: „Ich glaube, das dies für die Gesellschaft von Älteren und Jüngeren eine hervorragende Sache ist … Anders, als zu sagen: „Wir machen jetzt einen Komplott" wird es wichtig sein, dass Jung und Alt gemeinsam daran arbeiten, dass wir eine lebenswerte Zukunft haben."

Soweit die Enquete-Kommission. Auch im Grundsatzprogramm der CSU taucht der Begriff „Partner der Generationen" auf. Obwohl darin mehr von Rente und Pflege die Rede ist, als von aktiven Netzwerken Jung und Alt, heißt es darin „Innovationskraft der Jugend und Erfahrung des Alters müssen miteinander verbunden bleiben."

Umgesetzt wurden Erkenntnisse der Enquete-Kommission dann im Koalitionsvertrag der neuen Bundesregierung im Jahr 2005. Einen breiten Raum in Sachen Jung und Alt nehmen darin die Mehrgenerationenhäuser ein. Ein Lieblingsthema der beherzten CDU-Bundesfamilienministerin Ursula von der Leyen, die sich bereits als Sozialministerin in Niedersachsen für den schnellen Aufbau von Mehrgenerationen-Häusern erfolgreich stark gemacht hatte (siehe auch der Beitrag der Ministerin in diesem Buch).

Im Koalitionsvertrag sind die Generationen übergreifenden Funktionen dieser Mehrgenerationenhäuser näher beschrieben: Innerhalb der MGH sollen Betreuungs- und Bildungsangebote für Kinder und Eltern (Tagesbetreuung und Tagespflege, Integration und Förderung) bei besonderer Berücksichtigung der frühkindlichen Förderung mit Erhöhung des Bildungsanteils (zum Beispiel Natur, Sprachen) umgesetzt werden. Auf Beratung in Gesundheits- und Erziehungsfragen und Begleitung in Krisensituationen ist ebenfalls zu achten. Sprachförderung und praktische Lebenshilfen sowie Unterstützung beim

(Wieder)-Einstieg in die Erwerbsarbeit sollen angeboten werden. Zugleich soll das MGH den Zusammenhalt der Generationen stärken, die ältere Generation einbeziehen, ihre Erfahrungen nutzbar machen und ihrer Einsamkeit vorbeugen. Träger der MGH können Kommunen oder freie Träger sein. Im Rahmen eines Modellprogramms soll laut Koalitionsvereinbarung noch in dieser Legislaturperiode in jedem Landkreis und in jeder kreisfreien Stadt in Deutschland ein MGH geschaffen werden. Die Start-Up-Förderung soll 40 000 Euro per anno auf fünf Jahre betragen. Daraus folgt eine Haushaltsgesamtbelastung in Höhe von 88 Millionen Euro.

Weitere Generationen übergreifend relevante Punkte der Koalitionsvereinbarung sind das Ziel, aktives Altern zu ermöglichen und den Beitrag Älterer für die Gesellschaft ernst zu nehmen und zu erhöhen, da es allen gesellschaftlichen Gruppen gleichermaßen zugute kommt. Daraus folgt ein Paradigmenwechsel in der Rolle der älteren Menschen. Eine Entwicklung, die auch innerhalb der EU vorangetrieben wird. Außerdem soll die aktive Teilnahme Älterer an Wirtschaft und Gesellschaft sowie das ehrenamtliche Engagement älterer Menschen stärker gefördert werden. Potentiale älterer Menschen sollen auch im Hinblick auf die Weitergabe von Erfahrungen an die jüngere Generation stärker berücksichtigt und altersdiskriminierende Vorschriften aufgehoben werden. Ingesamt soll dadurch auch ein starkes ehrenamtliches Engagement in einer aktiven Bürgergesellschaft aller Generationen gefördert werden.

Die Grünen als Netzwerk-Vordenker

Als Generationen übergreifende Vorstellungen aufkamen, haben sich vor allem die Grünen ausführliche Gedanken über einen neuen Umgang von Jung und Alt gemacht. Bei einem altenpolitischen Kongress zum demographischen Wandel mit dem Titel *„Alt und Jung – Zukunft gemeinsam gestalten“* im Jahr 2005 erschienen weit über 400 Interessierte, während fünf Jahre zuvor gerade mal 15 Teilnehmer angemeldet waren und der Kongress deshalb wegen Desinteresse abgesagt werden musste. Wenn das keine Trendwende belegt!

Die damalige Fraktionsvorsitzende Krista Sager erhoffte sich bei ihrem Statement vor allem Engagement von den Alt-68ern, was die erforderlichen Reformen angesichts des demographischen Wandels angeht: „Das sind Leute, die haben die Rebellion, glaube ich, als Selbstbild noch nicht völlig abgelegt. Die wissen, wie man Selbsthilfeorganisationen und Bürgerbewegungen organisiert." Laut Sager kommt es vor allem darauf an, die Gesellschaft „für die Alten lebbarer zu machen und gleichzeitig den Jungen weiterhin Zukunftsperspektiven zu ermöglichen."

Weiter forderten die BündnisGrünen die Überwindung von Altersgrenzen in den Betrieben, die Nutzung des Erfahrungswissens von lange Beschäftigten zu nutzen, und die Zusammenarbeit von Alten und Jungen bewusst zu fördern. Durch gemischte Teams sollen Innovations- und Kreativitätspotenziale erschlossen und der Wissensaustausch zwischen Alt und Jung unterstützt werden.

Gabriele Wahlen vom Ceno-Centrum zur nachberuflichen Orientierung wartete mit Zahlen auf, was die Freiwilligenarbeit von älteren Menschen angeht: Danach waren 1999 35 Prozent engagierter Menschen im Alter von 50 bis 69 Jahren. Davon sind weitere 15 Prozent bereit, ihr Engagement auszuweiten. Darüber hinaus gibt es bei bisher nicht Engagierten, eine Bereitschaft von 18 Prozent. Da berufliche Rollen und Funktionen in Deutschland leider meist schon knapp nach 50 wegfallen, ist die Bereitschaft, sich ehrenamtlich zu engagieren, besonders groß. Nach Gabriele Wahlen sind die anstehenden Veränderungen im Sozialstaat ohne Freiwilligenarbeit Älterer nicht zu lösen. Das dürfe aber nicht heißen, dass Freiwillige, ob Jung oder Alt, als Lückenbüßer für wegbrechende Strukturen fungieren. Das dürfe auch nicht heißen, dass der Einsatz Freiwilliger auf Kosten hauptamtlicher Stellen erfolge.

Innerhalb von Patenschaften kann ein Miteinander der Generationen erreicht werden. Dabei kann Jungen geholfen werden, ihre Lebensperspektive zu entwickeln und den Älteren eine sinnvolle Aufgabe geboten werden. Und auch Staat und Gesellschaft sind Gewinner. Denn Perspektive heißt weniger Jugendarbeitslosigkeit, weniger Kriminalität und weniger Kosten.

Bei der Konferenz hob schließlich Hans-Jörg Rothen von der Bertelsmann-Stiftung bereits im Jahr 2005 die wichtige Rolle der Kommunen bei der Gestaltung des demographischen Wandels hervor, was die Altenpolitik angeht, da diese in der Kommune hautnah erlebt und gelebt werden wird und wird. Er zitierte Empfehlungen der Expertenkommission „Ziele in der Altenpolitik", einem Projekt der Bertelsmann-Stiftung. Demnach ist die demographische Entwicklung auch aus kommunaler und kommunalpolitischer Perspektive als eine Querschnittsaufgabe zu verstehen: Sie ist Gegenstand von Wohnungsbau, Stadtentwicklung, Verkehrs- und Infrastrukturpolitik, Sozial- und Kulturpolitik von Bildung, Sport und Freizeit.

Der sozialstrukturelle Wandel hat daher Auswirkungen auf die kommunale Arbeit, da Veränderungen in den Wohnformen, Anstieg der Haushalte von Alleinstehenden, Veränderungen in den Familienstrukturen, Tendenzen zur Singularisierung zu bewältigen sein werden. Besonders auf die Singularisierung müssten sich die Kommunen laut Expertenkommission einstellen, diese erfordern in erhöhtem Maße externe Dienstleistungen wie die Schaffung von sozialen und kommunikativen Angeboten, die Förderung von Wohnraum, die Schaffung neuer Wohnangebote im Sinne von Service- und Gemeinschaftswohnen, hauswirtschaftliche Dienste, Beratungs- und Vermittlungsdienste.

Die sozialgesetzlichen Neuregelungen seit Mitte der 90er Jahre stellte die Kommunen vor weitere Herausforderungen. Insbesondere die Pflegegesetze, die Einführung neuer Abrechnungssysteme im Krankenhaussektor, die Öffnung des Trägerbegriffs sind hier als Beispiele zu nennen. Innerhalb der Kommune werden die Bedürfnisse und Erwartungen der Menschen an Dienste und Einrichtungen artikuliert, hier werden Lösungen, Konzepte und Angebote erwartet. Der verfassungsrechtliche Auftrag zur Daseinsvorsorge gilt, so Hans-Jörg Rothen, in besonderer Weise für die soziale Daseinsvorsorge und damit für die Gestaltung von Lebensräumen älterer Menschen.

Ein bedeutendes kommunalpolitisches Arbeitsfeld liegt laut des Vertreters der Bertelsmann-Stiftung, die selbst Generationen übergreifende Projekte unterstützt, in der Nutzung der Ressourcen, über die ältere Menschen verfügen. Diese können, so Rothen, selbst zur Reduzierung vermeintlicher demographischer Belastungen und potenzieller Generationenkonflikte beitragen, indem sie mithelfen, überzeugende, neue Altersrollen zu entwickeln.

Auch der Bereich der offenen Altenarbeit wurde viele Jahre vernachlässigt, weil das Thema Pflege absoluten Vorrang hatte. Hier sollten schnellstens Konzepte und Evaluationskriterien erarbeitet werden, damit man Vorhaben und Modelle vor Ort angemessen bewerten kann. Weitere Bedarfschwerpunkte sind laut Rothen: Gesundheitsförderung und Prävention, Ambulante und teilstationäre Versorgung Demenzkranker, Aufbau informeller Pflegesysteme, Ausbau der Beratung und Unterstützung privater Pflegepersonen, Maßnahmen zur besseren Vereinbarkeit von Beruf und Pflege, verbesserter Abstimmung zwischen den verschiedenen Berufsgruppen und Diensten.

Weiter sollte eine intensive Partizipation Älterer an der Entwicklung kommunaler Angebote sicher gestellt werden. Hier erweisen sich beispielsweise Stadtteilkonferenzen als hilfreich. Die lokalen Seniorenbeiräte sollten fachlich wie organisatorisch ausreichend qualifiziert sein.

Außerdem sei angesichts der wachsenden Zahl ausländischer Mitbürger, die in Deutschland älter und alt werden, auf kommunale Angebote kultureller Altersdifferenzierung zu achten, die Angebote sollten der jeweiligen Kultur im Herkunftsland angepasst sein. Für all diese Aufgaben sei, so Rothen, eine bessere Finanz-Ausstattung der Kommunen absolut unabdingbar, um eine innovative Altenpolitik betreiben zu können, die gleichzeitig auch den Jungen nützt. In diesem Zusammenhang müssten Kommunen auch die grundsätzliche Debatte über eine Privatisierung sozialer Leistungen führen.

Kommunale Altenpolitik sollte also nicht ausschließlich auf die Aspekte Hilfs- und Pflegebedürftigkeit, sondern zunehmend auch auf die Förderung der Selbstbestimmung und den Erhalt der Selbständigkeit älterer Menschen abzielen. Hierzu gehören Angebote der Gesundheitsförderung, Bildungs-, Kultur-, Freizeit- und Sportangebote, sowie Strukturen, die es ermöglichen, dass ältere Menschen ihre Kompetenzen und Ressourcen selbst bestimmt einbringen können. Und was läge da näher, als Generationen übergreifende Projekte?!

Wesentliche Akzente von immer noch großer Brisanz und Aktualität setzte bei der Konferenz Eva Quistorp, ehemaliges Mitglied des Europaparlaments und Mitbegründerin der Grünen, der Frauen für Frieden, der Grünen Alten, von Attac, der 27 Montagsdemos gegen den Irakkrieg, von Beruf Theologin und Autorin: Sie betonte die zentrale Bedeutung von Freiwilligendiensten als Teil einer pluralistischen Bürgergesellschaft, weil sie Gemeinsinn, Selbstbestimmung und Solidarität fördern. Weil sie helfen, die Demokratie lebendig zu erhalten, Bürokratie des Staates abzubauen, Kompetenzen der Bürger zu achten und in die Zukunftsplanung einzubringen und so „die Gesellschaft, Städte und Regionen innovativ und bürgerinnenfreundlich zu gestalten – für ältere BürgerInnen ebenso wie für jüngere". Weiter plädierte Eva Quistorp für Freiwilligendienste, um unter den Teilnehmern „eine Ethik gegenseitigen Respekts zwischen den verschiedenen Lebensphasen zu rehabilitieren und die unterschiedlichen Erfahrungen und Konflikte achten zu lernen". Wenn das kein bündig formulierter Netzwerk-Gedanke ist …

Die aktive Beteiligung von Älteren muss, so Quinstorp, mehr und in neuen Formen gefördert werden, nicht nur wegen des demographischen Wandels, sondern „weil Tod und Vergehen nicht in Heime und Anstalten oder durch Gesundheits-, Schönheits-, Werbe- und Medienindustrie ins Abseits gedrängt werden dürfen. Bei aller notwendigen Erneuerung von Traditionen und Herrschaftsverhältnissen durch jüngere Generationen, gehört die Achtung der Alten und des Todes zum gesellschaftlichen und gemeinschaftlichen Leben von Kulturen und Zivilisationen. Anders verliert eine Gemeinschaft ihre Beziehung zu den religiösen und kulturellen Wurzeln und den Weisheiten der Ahnen, die dann nur noch als mediale Mythen vermarktet werden."

Quinstorp sprach sich für Schaffung von Rahmenbedingungen aus, die das Engagement von Älteren in allen Lebensphasen erst ermöglichen und fördern, um für Solidarität und gegen den Jugendwahn in einer Spaß- und kommerzialisierten Medienlandschaft eintreten zu können. Freiwilligendienste Älterer dienen also nicht nur der Weitergabe von Wissen an Jüngere, sondern auch der Erhaltung von Werten. Auch die Medienpolitik müsse sich ändern und einem

Respekt vor allen Lebensphasen weichen, auch „bescheidener und kontemplativer Lebensstile, für Entschleunigung und die Achtsamkeit mit Menschen und Bildern."

Altersdiskriminierung vor allem gegenüber älteren Frauen sollte durch Antidiskriminierungsgesetze und Projekte begegnet werden. In ihrem Ideenkatalog schlug Eva Quinstorp unter anderem Möglichkeiten vor, Alte und Junge miteinander in Kontakt zu bringen: Vor allem durch eine stärkere Integration der Erfahrungen und Potenziale Ältere in die politischen Debatten der Kommunen, mit dem Ziel, Respekt für die unterschiedlichen Lebensphasen zu stärken und den Dialog und die Kooperation zwischen den Generationen zu fördern. Überdies sollte man einen „kreativen Protest" älterer Frauen anregen, mit dem sie gegen Altersarmut- Altersverachtung und Medienklischees rebellieren, die auch ihren Töchtern und Enkelinnen schaden, wie beispielsweise die „Raging Grannies" in Kanada und den USA.

Ernst mit dem Thema Jung und Alt gemeinsam macht die SPD-Bundestagsabgeordnete und seniorenpolitische Sprecherin der bayerischen Landesgruppe im Deutschen Bundestag, Angelika Graf: Sie besuchte mehrere vorbildliche Projekte der Altenhilfe zusammen mit dem bayerischen Juso-Vorsitzenden. Im Laufe des Jahres sind mehrere Veranstaltungen mit der AG 60plus und den Jusos mit dem Titel „Solidarität der Generationen" geplant. In ihrem Leitfaden zum Thema „Chancen und Potenziale des Alter(n)s" geht sie auf Generationen übergreifende Themen ein und plädiert für ein aktives Alter, bürgerschaftliches Engagement, für längere Beschäftigung älterer Arbeitnehmer, altersgemischte Teams in den Betrieben und die Gleichzeitigkeit von Bildung, Erwerbstätigkeit und Freizeit in allen Phasen des Lebenslaufs.

KAPITEL 15

Internationale Organisationen – Jung und Alt für die Umwelt

Als engagiertes Beispiel von aktivem Networking zwischen Jung und Alt mag die Umweltschutz-Organisation *Greenpeace* gelten, die bundesweit 200 Aktivisten über 50 zu bieten hat, die großteils mit jungen Menschen zusammen arbeiten. Ihr Motto: „Gemeinsam Zukunft gestalten". Das *„Team 50plus"* gilt als besonders aktiv nach der Devise „Old is beautyfull". Im Team 50plus engagieren sich Menschen über 50 aktiv für die Umwelt. Dort arbeiten Hausfrauen und Architekten, Richter und Handwerker, oder Naturwissenschaftler. Einige sind berufstätig, andere befinden sich bereits im Ruhestand und möchten nun das tun, wozu sie im Berufsleben keine Zeit hatten. Sie informieren auf Messen und Wochenmärkten über die Ausbeutung der Meere, setzen sich bei Marktleitern für Lebensmittel ohne Gentechnik ein und bringen Schülern die Faszination der letzten Urwälder nahe. All dies auch zunehmend in Zusammenarbeit mit den Greenpeace Jugendgruppen.

Kids und Teens können mitmischen bei den Greenteams und Jugendgruppen. Sie nennen sich Ökobesen, Grünschnäbel oder Turbokids und setzen Bürgermeisterinnen, Supermarktchefs oder Schulleitern mit bohrenden Fragen zu, wenn die sich nicht umweltfreundlich betragen. Sie, das sind Kinder zwischen 10 und 15 Jahren, die sich in Greenteams zusammenschließen, um Umweltprobleme vor ihrer Haustür anzugehen. Für die etwas Ältern gibt es seit 1997 die Jugendgruppen. Greenpeace unterstützt Kinder und Jugendliche in ihren Aktivitäten und sorgt dafür, dass sie sich einmischen können und ernst genommen werden.

Und damit die Aktionen von Jung und Alt auch die nötige Durchschlagskraft haben, laufen immer mehr Aktivitäten gemeinsam ab: „mitmachen, einmischen, mitreden" heißt es auf dem Prospekt. Eine Devise die für Jung und Alt gemeinsam gilt. So ist denn in der Greenpeace-Zentrale am Hamburger Hafen auch noch am Abend jede Menge los: Im Besprechungszimmer sind Mitglieder der 50plus Aktivisten, der mittleren Generation und Vertreter der Jugendlichen einträchtig um den Tisch versammelt wie in einer überdimensionierten Großfamilie. Cathrin Groll (45), bei Greenpeace für die Freiwilligen-Koordination zuständig, organisiert Kampagnen und ist besonders für die Zielgruppe ab 50 zuständig.

Mitmachen ist keine Frage des Alters, da sind sich alle Anwesenden einig. Greenpeace-Aktivist Joachim Paap (62) ist seit 1999 mit dabei, zunächst war er an Meeresökologie interessiert, jetzt ist er zusätzlich im *Team 50 plus* engagiert und arbeitet „besonders gern mit der Jugend AG zusammen“. Ein Jung-Alt-Netzwerk, wie es im Buche steht. Paap unterstützte die Jugend AG – 15 Aktivisten unter 18 – dabei, eine Urwald-Aktion im Hamburger Zentrum auszurichten. „Ich half ihnen beim Transport und habe die Aktion begleitet. Wir haben zusammen einen vier Meter hohen Elefanten aufgeblasen, Banner angebracht. Es macht einfach Spaß, mit der Jugend zusammen etwas Sinnvolles auf die Beine zu stellen“, schwärmt er. Alexandra Blöcker (17) von der Jugend AG sieht das ähnlich: „Die Älteren haben uns prima unterstützt. Wir hatten kein Auto, die Spendendose fehlte, kurzum, die Älteren haben die Erfahrung und auch die Zeit, die uns oft fehlt. So ergänzen wir uns prima gegenseitig.“ Alexandra ist seit zwei Jahren in der Jugendgruppe aktiv, von der sie erstmals in der Schule hörte.

Hans-Wolf Rust (65) ist seit dem Ruhestand bei Greenpeace und gleichzeitig der Sprecher des Hamburger *Teams 50plus*. „Ich war Kaufmann und habe etwas gesucht, wo ich mich sinnvoll und aktiv engagieren kann“, sagt er. Heidi Vogel (61) macht seit zehn Jahren bei 50plus mit und zwar bei allen Aktionen, außerdem bekleidet sie noch einen Minijob in der Greenpeace-Zentrale. „Am Tschernobyltag haben wir mit dem Team 50plus eine Aktion organisiert und haben uns gefreut, als die Jungen sich uns ganz selbstverständlich angeschlossen haben“, sagt sie. Die mittlere Generation bei Greenpeace vertritt an diesem Tag Gregor Prahl (35), der seit 2001 ehrenamtlich im Bereich Energie tätig war. Heute ist der Wirtschaftsingenieur auch beruflich bei Greenpeace aktiv. „Alle drei Generationen haben bei uns die Präsentation des Films „Die Wolke" mit Know-how und Aktionen unterstützt. Wir waren Deutschlandweit flächendeckend mit allen drei Generationen in Sachen Umwelt unterwegs", sagt er stolz. Viele Aktionen wären ohne die Jungen und die Älteren gar nicht realisierbar, weil die „Kerntruppe" der Berufstätigen mittleren Alters am wenigsten freie Zeit zur Verfügung hat. So wurde eine Ausstellung zum Thema Tschernobyl durchgehend von älteren Aktivisten betreut.

Freilich ist die Bereitschaft, sich mit der anderen Generation einzulassen, bei den Älteren zunächst stärker ausgeprägt. Aber die Generationsgrenzen weichen zunehmend auf, indem man sich über die gemeinsame Sache näher kommt und an einem Strang zieht. Die Gruppen sind untereinander durchlässig, gemeinsame Arbeitskreise tun ein Übriges, da auch die Jugend nachmittags Freizeit hat wie die Rentner. „Unser Team 50plus ist eine Art Allzweckwaffe. Wir sind vielseitig und können eigentlich in allen anderen Teams mitarbeiten und mithelfen", freut sich Paap. Er empfindet es als am allerschönsten, wenn sich Greenpeace in der Öffentlichkeit präsentiert und alle Aktivisten-Generationen präsent sind. Besonders öffentlichkeitswirksam sind denn auch Aktionen, bei denen Alt und Jung gemeinsam in Erscheinung treten, beispielsweise eine Castor-Aktion, eine Sea Life Aktion, eine Meeres-Kampagne und auch Aktionen für den Atomausstieg, – immer beflügelt von der gemeinsamen Sache.

In Deutschland gibt es mittlerweile 2900 Ehrenamtliche, davon 600 Jugendliche, 2100 Erwachsene und 200 Aktivisten des *Teams 50plus*. Dazu kommen 800 Greenteams mit 3000 Kindern. Und immer öfter arbeiten die Generationen zusammen, weil immer mehr ältere Menschen sich jenseits ihres Arbeitslebens sinnvolle Aufgaben suchen und bei Greenpeace die Möglichkeit haben, sich Generationen übergreifend zu betätigen. Auch werden die gemeinsamen Aktionen besser und genauer wahrgenommen, weil sie sich von mehreren Generationen an mehrere Generationen wenden. Ältere Aktivisten sprechen ältere Passanten an, jüngere Schüler, Azubis und Studenten. So arbeiten alle Hand in Hand.

Die Jugend will sich künftig besonders für erneuerbare Energien einsetzen. Die Älteren können – so Alexandra Blöcker, dazu beitragen, indem sie „die damaligen Ereignisse um Tschernobyl aus ihrer

Erinnerung schildern. Das ist dann sehr authentisch". Die Hamburger stellen übrigens mit 160 Leuten neben Berlin das stärkste Greenpeace Team, eine Generationen übergreifende und gerade deshalb besonders schlagkräftige Truppe. „Wir sind alle per Du und respektieren uns gegenseitig in großer Wertschätzung", äußert Cathrin Groll.

Und die Ideen gehen nicht aus: Vor einem Jahr war die Gruppe älterer Aktivisten innerhalb einer Gen-Öl-Aktion in den Gasstätten Deutschlands unterwegs. In einem Bus fuhr das Aktivistenteam mit neun Leuten durch die Lande und befragte Wirte und Köche nach dem verwendeten Öl. Wie sich herausstellte, verwendeten viele Gen-Öl, das auf der Speisekarte nicht als solches gekennzeichnet ist. Geplant ist von der Organisation ein Vorstoß mit dem Ziel, mit einem entsprechenden Gesetz Gen-Öl zu stoppen und Gentechnik generell weiter einzuschränken. „Wir kommen in blauen Jacken und mit Schildern in die Gasstätten. „Kein Gen-Öl im Essen" steht darauf. Wir verteilen Handzettel an die Gäste und oft sind auch Fernsehen und Presse mit dabei", schildert 50plus-Aktivist Hans-Wolf Rust einen Einsatz.

Das Team platzt – durchaus beabsichtigt – stets unangemeldet in die Restaurants herein, so geschehen unter anderem im „Atlantik" in Hamburg, dem „Sheraton" in Köln oder gar im Münchner „Hofbräuhaus". Zehn Tage dauerte die Aktion, ein Jahr später wurde in den Lokalen nachgeprüft, was die Aufklärung der Wirte erbracht hatte. „Alle hatten umgestellt", berichtet Hans-Wolf Rust.

Die Kampagnen werden meist von den Hauptamtlichen „ausgebrütet", indem sie versuchen, wichtige Inhalte möglichst auffällig zu transportieren. „Je geballter, desto wirkungsvoller", meint Cathrin Groll, „am besten gleich bundesweit". Zahlreiche Impulse gehen von der Greenpeace-Bundeszentrale in Hamburg aus. Finanziert wird Greenpeace ausschließlich durch Spenden. 535 000 Fördermitglieder aller Generationen hat die Organisation allein in Deutschland, Meistens führt der Weg zum Aktivisten über den Wunsch, sich einzumischen, wobei das abenteuerliche Image von Greenpeace sicher hilfreich ist. „Viele Aktivisten haben bei uns Grenzerfahrungen gemacht, die ohne unsere Aktionen nie möglich gewesen wären", schmunzelt Cathrin Groll.

Das Gruppenerlebnis spielt dabei natürlich eine nicht zu unterschätzende Rolle, besonders bei Generationen übergreifenden Teams. Die Aktivisten erleben gemeinsam Abenteuer, die Sinn machen, überschreiten Schwellen, die ihnen bis dahin unüberwindlich schienen. „Man wird mutiger", sagt 50plus Aktivist Joachim Paap. Auf diese Weise zeigt die 50plus Gruppe nicht nur älteren Außenstehenden, dass über 50-Jährige noch mutig zur Tat schreiten können, sie demonstriert es auch anschaulich den Jungen in der *Greenpeace Jugend AG.* Egal in welchem Alter: Man kann im „Schlauchboot über Weltmeere peitschen" (Groll) und gleichzeitig für eine gute Sache kämpfen.

Das Verantwortungsgefühl für nachfolgende Generationen ist für viele im *Team 50plus* die Hauptmotivation, kein Wunder, dass die Zusammenarbeit mit den Nachwuchs-Teams so gut klappt. In 20 Teams in ganz Deutschland machen sich Team 50plus-Mitglieder beharrlich für die Ziele von Greenpeace stark. Dabei arbeiten die Teams der Älteren eng mit den lokalen Gruppen zusammen, die in 90 deutschen Städten aktiv sind, wobei das Miteinander von Jung und Alt überall eine Stärke von Greenpeace darstellt. „Die Menschen beim *Team 50plus* sind interessant und engagiert, kommen mit viel Erfahrung und Wissen aus den unterschiedlichsten Schichten und Berufen und können ihr Know-how glaubhaft weitergeben. Gerade die ältere Generation können wir immer wieder von der Wichtigkeit des Umweltschutzes überzeugen. Letztendlich resultiert der Greenpeace-Erfolg auch aus unserer Generationen übergreifenden Zusammenarbeit", betont Joachim Paap vom Hamburger *Team 50plus.*

Das *Team 50plus* feierte 2004 sein zehnjähriges Bestehen. 1994 gründete sich in der Hansestadt das erste solche Team, zahlreiche Städte folgten nach. Alle beteiligten sich mit den Jüngeren an bundesweiten Aktivitäten wie beispielsweise dem Protest gegen die Versenkung der Ölplattform Brent Spar, der Aktion gegen die französischen Atomtests auf Moruroa oder die Durchsetzung der Umstellung des gesamten Papierverbrauchs der Aachener Stadtverwaltung auf Recyclingpapier. Auf der „Grünen Woche" informierte das *Team 50plus* mehr als 50 000 Messe-Besucher über Gentechnik und erreichte dabei – generationsübergreifend – viele junge Messe-Besucher. Ein langer Weg, seit 1971 eine Handvoll Atomwaffengegner mit einem alten Fischkutter von Kanada aus in See stachen, um gegen Atombombenversuche der USA zu protestieren. Nun ist die weltumspannende Umweltschutzorganisation erneut vorne mit dabei, was das Generationen-Netzwerk angeht: „Jung und alt arbeiten mit viel Freude an der gleichen Sache und feiern gemeinsam Erfolge", resümiert Cathrin Groll. Und Unnolf Harder vom *Greenpeace-Netzwerk* stimmt ihr zu: „Greenpeace lebt vom Mitmachen. Und mitmachen kann jeder, der Lust und Zeit hat, gemeinsam mit uns für die Umwelt einzutreten. Menschen von 15 bis 90 Jahren engagieren sich in Greenpeace-Gruppen für den Erhalt der letzten Urwälder, die Wende in der Energiepolitik, protestieren gegen Gentechnik im Essen und die Jagd auf Wale."

KAPITEL 16

Europa-Projekte

Obwohl das Thema „Kooperation der Generationen“ eigentlich in den Bereich der Sozialpolitik und damit in die Kompetenz der einzelnen Mitgliedstaaten fällt, kann die Europäische Union auf diesem Gebiet durchaus unterstützend wirken, indem sie sich über „best-practise“ informiert und austauscht, oder wie es in der Lissabon-Agenda vereinbart ist, gemeinsame Ziele formuliert.

Deshalb wurde im März 2005 von der Europäischen Kommission das Grünbuch „Angesichts des demographischen Wandels – eine neue Solidarität zwischen den Generationen“ veröffentlicht. Das Grünbuch fasst die grundlegenden Ideen und Vorschläge der Kommission auf diesem Gebiet zusammen, obwohl es den Mitgliedstaaten keine verbindlichen, politischen Maßnahmen vorschreiben kann.

Im Grünbuch geht es um die stetig ansteigende Lebenserwartung, die Zunahme der Altersgruppe 60plus und die anhaltend niedrige Geburtenrate in Europa. Für die Kommission folgt aus diesen Punkten, „dass die Sicherstellung eines Gleichgewichts zwischen den Generationen durch die Verteilung der Arbeitszeit über das gesamte Leben sowie eine gerechte Aufteilung der Früchte des Wachstums und ein gemeinsames Tragen der Lasten notwendig ist“, so die Europa-Abgeordnete Angelika Niebler. Zusätzlich zum Grünbuch hielt die Kommission im Juli 2005 in Brüssel eine Konferenz zu diesem Thema ab. An dieser nahmen hochrangige Vertreter der EU und der Mitgliedstaaten teil, wodurch sie demonstrierten, welches Gewicht sie der künftigen und unbedingt notwendigen Kooperation der Generationen in Europa zumaßen.

Im Februar 2006 veröffentlichte die Kommission denn auch einen Bericht zum demographischen Wandel, der die daraus resultierenden Kosten für die Volkswirtschaften und Haushalte der einzelnen Mitgliedstaaten bis zum Jahr 2050 analysiert. In dem Bericht werden unter anderem die Auswirkungen des demographischen Wandels auf Bevölkerung, Arbeitskräfte, Arbeitsbedingungen, Renten, Gesundheitsversorgung, Langzeitpflege und Erziehung untersucht. Die Mitgliedstaaten werden aufgefordert, den noch vorhandenen Zeitraum zu nutzen und Reformen einzuleiten.

Inzwischen gibt es seit Herbst 2003 die internationale Lernpartnerschaft *„Netzwerk für Intergenerationelles Lernen in Europa" (NIGEL)*, wobei die Europäische Kommission fünf Einrichtungen fördert, die für die teilnehmenden Organisationen von gemeinsamem Interesse sind. Insgesamt nehmen an dieser Lernpartnerschaft zehn Einrichtungen aus sechs europäischen Ländern teil: Ungarn, Österreich, Spanien, Schweiz, England und Deutschland. Deutschland ist unter anderem mit dem *Projektbüro „Dialog der Generationen"* aus Berlin vertreten, das die Koordination für die Lernpartnerschaft übernommen hat. Das Projektbüro ist eine Serviceeinrichtung für Generationen übergreifende Projektarbeit inklusive Homepage und Projektdatenbank, Rundbrief, Ausrichtung von Fachtagungen und Gruppentreffen zur bundesweiten Vernetzung Generationen übergreifender Projekte.

Das Ost-Westeuropäische *Frauennetzwerk OWEN* aus Berlin ist in der aktivierenden Bildungs- und Bewusstseinsarbeit mit Frauen in verschiedenen Ländern Osteuropas tätig. Innerhalb Deutschlands arbeitet es vor allem mit russischsprachigen Zuwanderinnen, um ihre Integration durch Aktivierung zu bürgerschaftlichem Engagement zu unterstützen (www.owen-frauennetzwerk.de) Die *„Foundation for Human Rights and Peace Education"* aus Budapest ist eine Stiftung, die in der Bildungsarbeit zu Konfliktbewältigung, Menschenrechten und Friedenserziehung an Schulen tätig ist. Ihr Ziel ist die Stärkung des sozialen Zusammenhalts in den multi-ethnischen Nachbarschaften im Umfeld der Schulen.

Der Verein *„Konfliktkultur e. V."* aus Wien steht für die wissenschaftliche Erforschung und Verbesserung von Konfliktverhalten durch die Hervorhebung der emanzipatorischen und demokratischen Elemente in Konfliktsituationen. Der Verein arbeitet in schulischen Zusammenhängen und entwirft Generationen übergreifende Konzepte (www.konfliktkultur.at). *„Gernika Gogoratuz Associacion"* ist ein Zentrum für Friedensforschung und Entwicklung in Spanien. Es arbeitet in den Bereichen Erinnerungsarbeit, Entwicklung des Gemeinwesens und Friedensarbeit an Schulen. (www.gernikagogoratuz.org).

Zusätzlich beteiligen sich noch fünf weitere Organisationen: *„Infoklick“* aus der Schweiz, eine Kontakt- und Informationsstelle für Kinder- und Jugendfragen. Sie fördern generationsübergreifende Aktivitäten und Projekte im Rahmen der Entwicklung des Gemeinwesens und arbeiten mit Jugend- und Seniorenorganisationen zusammen. (www.infoklick.ch). Die Stiftung *„Pro Senectute“* aus der Schweiz führt Veranstaltungen zum demographischen Wandel durch und unterstützt wissenschaftliche Veröffentlichungen zu diesem Bereich. Sie sind interessiert am Aufbau eines europäischen Netzwerks zu Generationen verbindender Praxis. (www.pro-senectute.ch)

Das wissenschaftliche *„Institut Universitaire Ages et Générations“* aus der Schweiz führt Konferenzen, Forschungsprojekte, Fortbildungen zum Thema der Generationenbeziehungen durch und legen Wert auf starken Austausch zwischen Theorie und Praxis. (www.ikb.vsnet.ch/inag.html). Die *„Betz Johnson Foundation“* aus England ist Träger eines Zentrums zur Generationen verbindenden Vernetzung auf nationaler Ebene. Sie führen Forschungen zu intergenerationellen Themen durch (www.centerforip.org.uk.

„Intergen“ aus England arbeitet nachbarschaftsorientiert und Generationen verbindend und fördert Beziehungen von Jung und Alt zu gegenseitigem Nutzen durch intergenerationelle Lernangebote an öffentlichen Schulen vor Ort. Sie legen Wert auf die Entwicklung eines europäischen Netzwerks für Austausch verschiedener Ansätze der Generationen verbindenden Praxis.

Neben der Partnerorganisation *OWEN* aus Berlin partizipieren fünf weitere Lernpartner aus Deutschland an der Lernpartnerschaft. Sie verfügen über Erfahrungen in der Durchführung von intergenerationellen Lernprojekten an Schulen oder nehmen aktiv daran teil. Die Gruppe der Lernpartner aus Deutschland ist generationengemischt und ist in folgenden Projekten aktiv: Bei *„Jung trifft alt“*, einem Kooperationsprojekt zwischen einer Schule und einem Altenheim in Mainz (Lernen im sozialen Umfeld), in der AG *„Spurensuche“*, vom evangelischen Familienbildungswerk in Duisburg (Erinnerungsarbeit), bei der IG *"23. Februar 1945 e. V."* aus Dresden (Erinnerungs- und Friedensarbeit), bei *„Seniorpartner in School"* aus Berlin (Mediation und Konfliktbewältigung) und im Programm *„Managing Diversity"* bei der Deutschen Telekom Berlin (Umgang mit Vielfalt). Das Thema Umweltbildung wird durch Mitarbeit des Projektbüros im *„Generationennetzwerk Umwelt"* repräsentiert.

Einen hochinteressanten Ansatz bietet das *„IKAB Bildungswerk des Instituts für angewandte Kommunikationsforschung in der außerschulischen Bildung e. V."* in Bonn, indem es als „non profit Organisation" Austauschprojekte zu gesellschaftlichen Themen organisiert und sich auf die Zielgruppe benachteiligte Jugendliche spezialisiert hat. Schon früh hatte das Bildungswerk auch den Dialog und die Solidarität zwischen den Generationen und Kulturen im Auge. Sibylle Meyer, pädagogische Mitarbeiterin in Bonn, berichtet über die meist einwöchigen Austauschprojekte, die sich an von sozialer Ausgrenzung bedrohte Jugendliche, Schulabbrecher mit Lernproblemen, junge Arbeitslose, Jugendliche, die an sozialen Brennpunkten leben, junge Menschen mit familiären Problemen, Behinderte, Angehörige ethnischer Minderheiten und von Armut betroffene, junge Menschen richten.

Im Laufe der Jahre hat das IKAB Bildungswerk ein Partnernetz in vielen Ländern Europas aufgebaut und arbeitet beispielsweise mit Stadtteilhäusern, Einrichtungen der Jugendberufshilfe, Heimen und Jugendwohngemeinschaften zusammen. Die Themen sind gesellschaftspolitisch im weitesten Sinn des Worts. Zum Beispiel: Fremdenfeindlichkeit, Sucht, Gewalt, Geschlechterdemokratie und schließlich der Dialog zwischen den Generationen.

Die Arbeit wird langfristig und nachhaltig angelegt, indem mit den Teilnehmern gemeinsam die Ziele und Planungen entwickelt werden, damit sind die Austauschprojekte ein wichtiger Impulsgeber, die die Chance bieten, das Thema in einer europäischen Sicht zu bearbeiten, den eigenen Horizont zu erweitern, seine eigenen Einstellungen zu überprüfen und zu verändern, einen eigenen Standpunkt zu entwickeln und dafür auch einzutreten. Diese Austauschprojekte sind auch immer ein Experimentierfeld für Zivilcourage und aktives

Eintreten für demokratische Werte und Prinzipien. Damit die Akteure sich für die Themen auch interessieren, ist es notwendig, bei ihren Alltagserfahrungen anzusetzen. Gleichzeitig wird ihnen Raum gegeben, ihre Erfahrungen und Sichtweisen, das was sie zum Thema des Seminars recherchiert haben, einzubringen. Somit wird den Jugendlichen eine breite Möglichkeit der Mitwirkung eingeräumt.

Im Dezember 2000 führte das IKAB erstmals ein Generationen übergreifendes Pilotprojekt mit arbeitslosen Jugendlichen und Senioren aus Nordrhein-Westfalen, Luxemburg, Frankreich und Österreich durch. Der Erfolg war mehr als überzeugend. Während der Seminarwoche gelang es, tragfähige Beziehungen zwischen Jung und Alt herzustellen. Die Senioren unterstützten die Jugendlichen nach der Projektwoche in ihrem beruflich-sozialen Eingliederungsprozess. Die Kontakte waren und sind langfristig und alle Jugendlichen aus Deutschland und Frankreich haben – unter anderem dank der Unterstützung der Senioren – eine Ausbildungsstelle oder einen Platz in einem Programm zur beruflichen Eingliederung gefunden. In einem Fall gelang die Vermittlung in den europäischen Freiwilligendienst.

Geschlechtsspezifische Probleme kamen während des Seminars in gemischten Arbeitsgruppen jedoch höchstens am Rand zur Sprache. Daher entstand die Idee zu einem Generationen übergreifenden Austauschprojekt nur für und mit Mädchen und älteren Frauen. Die Arbeitslosenquote in vielen EU-Mitgliedstaaten ist hoch, obwohl in einigen Sektoren händeringend Arbeitskräfte gesucht werden. Der Anteil junger Menschen, die nur schwer einen Ausbildungsplatz oder eine Arbeit finden und erst spät in den Arbeitsprozess integriert werden, ist nach wie vor groß. Zu diesen so genannten „Risikogruppen des Arbeitsmarktes" gehören unter anderem Jugendliche ohne Schulabschluss oder junge Migranten. Mädchen und junge Frauen, die dieser Risikogruppe angehören, haben es in der Regel auf Grund ihres Geschlechts noch schwerer als ihre männlichen Altersgenossen.

Der Titel eines Seminars im November 2001 in Bonn lautete: „Vom Dialog zur Partnerschaft – Anstiftung zu Dialog und Partnerschaft zwischen den Generationen und Kulturen." An diesen Austauschprojekten sind nicht nur junge, sondern auch ältere Menschen beteiligt, damit die Generationen miteinander ins Gespräch kommen.

Diese Austauschprojekte wenden sich darüber hinaus speziell an weibliche Zielgruppen, zum Beispiel Musliminnen an gemischt geschlechtlichen Gruppen nicht teilnehmen dürfen. Darüber hinaus ziehen auch Frauen und Mädchen mit Gewalt- und Missbrauchs-Erfahrungen rein weibliche Gruppen vor.

Ökonomische, kulturelle und geschlechtsspezifische Benachteiligung sind Indikatoren für soziale Ausgrenzung. Die Mädchen und junge Frauen sind in der Regel nur in einem sehr begrenzten Umfang in soziale Netzwerke eingebunden. Dadurch sind ihre Möglichkeiten, diese für die eigenen Interessen und für eine persönliche Weiterentwicklung und gesellschaftliches Mitmachen zu nutzen, sehr eingeschränkt.

In erster Linie geht es bei diesen Seminaren darum, sich kennen zu lernen und die Bilder vom jeweils Anderen zu korrigieren. Über Gespräche und gemeinsames Tun wird der Grundstein für eine vertrauensvolle Partnerschaft und für Solidarität gelegt. Am Ende der Seminarwoche können die Teilnehmerinnen das, was sie erarbeitet haben, der Öffentlichkeit vorstellen und haben dadurch Gelegenheit, aktiv für ihre Überzeugungen einzutreten.

Vor allem aber wollen die Seminare Beispiele geben, wie der Dialog der Generationen und Kulturen angeregt werden kann, mit dem Ziele, neue Projekte im lokalen Umfeld zu initiieren, nicht nur in den Einrichtungen der Teilnehmerinnen, sondern auch im Umfeld des Jugendaustauschs. Das IKAB Bildungswerk bezog den Ort des Austauschprojekts deshalb mit ein und kooperierte in diesem Generationen übergreifenden Projekt mit dem kommunalen Dienst für die Seniorenarbeit in Bonn. Die Stadt erhielt durch das Projekt wertvolle Anregungen für die Generationen übergreifende Arbeit vor Ort, deren Jugend- und Seniorenarbeit bis dahin ein eher von einander isoliertes Dasein führten. Das internationale Austauschprojekt stellte einen Beitrag dar, das freiwillige Engagement von Seniorinnen für arbeitslose Mädchen zu fördern und eine Partnerschaft zwischen Jung und Alt zu entwickeln, in der beide Seiten voneinander profitieren. Das neu aufgebaute Verhältnis zwischen den Generationen birgt die Gelegenheit zur Veränderung bei Jung und Alt. Die ältere Generation bot durch das Berichten über eigene Lebensentwürfe Modelle, Wertvorstellungen und Orientierungsvorschläge an, welche die Enkelinnen-Generation wiederum zu eigenen Lebensvorstellungen anregte.

In dem Projekt ging es anfangs um die Frage: „Vom Mädchen zur Frau: Wie ist es heute? Wie war es früher?“ Nach einer Phase des Kennen Lernens tauschten die Teilnehmerinnen sich in Gruppen über ihre eigene Sozialisation und Alltagserfahrungen aus: „Wie bin ich aufgewachsen? Wie wurde ich erzogen? Was darf ich als Mädchen? Was darf ich nicht? Warum ist das so?“ Dies waren wichtige Fragen bei den ersten Gesprächen. Beim anschließenden „Erzählcafé“ waren Bonner Seniorinnen eingeladen, die Lust hatten, über ihre Sozialisation vom Mädchen zur Frau im Spiegel der damaligen Verhältnisse zu reden und Interesse an dem hatten, was die jungen Teilnehmerinnen zu sagen hatten. Bei Kaffee und Kuchen entspannen sich anregende und angeregte Gespräche. Zum Schluss meinten beide Seiten, voneinander gelernt zu haben. Fazit: Die Älteren hatten es keinesfalls leicht gehabt, ihren Weg zu gehen. Sie waren längst nicht so langweilig und altmodisch, wie manche Jüngere gedacht hatten. Umgekehrt berührte die schwierige Situation der Mädchen die Älteren. Man beschloss, sich in jedem Fall wieder zu sehen.

Unter dem Motto „Unsere Erfahrungen mit älteren Menschen – unsere Bilder von älteren Menschen“ lösten Rollenspiele Diskussionen aus, in denen die Teilnehmerinnen ihre Erfahrungen mit älteren Menschen gezeigt hatten. Die meisten jungen Teilnehmerinnen hatten keine direkten Kontakte zu älteren Menschen – die Großeltern lebten beispielsweise weit weg im Herkunftsland oder der Kontakt zu ihnen war aus den verschiedensten Gründen abgebrochen. Die Mädchen aus Luxemburg zeigten den Besuch bei der Großmutter in Portugal, bei dem die verschiedenen Welten aufeinander prallten. Beim Rollenspiel der Teilnehmerinnen aus Paris wurde der Konflikt der Generationen in einem öffentlichen Park gezeigt. Nachdenklich machte auch das Rollenspiel der Teilnehmerinnen aus Rostock, die ihre Erfahrungen bei einem Praktikum in einem Seniorenheim mit verwirrten, einsamen und desorientierten Menschen darstellten.

„Über gemeinsames Tun lernt man sich am besten kennen“: Unter diesem Motto starteten die Teilnehmerinnen schließlich, um in drei Bonner Einrichtungen gemeinsam mit Bonner Seniorinnen Gymnastik zu treiben. Wieder war alles ganz anders, als sie erwartet hatten. Während die einen feststellen mussten, dass die alten Damen teilweise fitter waren als sie selbst, fanden sich die anderen in einer Gymnastikgruppe für Rollstuhlfahrerinnen und psychisch beeinträchtigte Frauen wieder und schafften es unter Anleitung, mit diesen Frauen in behutsame Interaktion zu treten.

„Großmütter und Enkelinnen: Von der Fremdheit und Konkurrenz zu Dialog, Partnerschaft und Solidarität der Generationen in Europa", lautete der Titel eines weiteren, multilateralen Austauschprojekts, das Sibylle Meyer vom IKAB Bildungswerks angestoßen hatte und das arbeitslose Mädchen und Seniorinnen zusammen brachte, die sie künftig im Eingliederungsprozess unterstützen wollen. Veranstaltet wurde es im Herbst 2001, gefördert unter anderem vom *EU-Aktionsprogramm JUGEND* durch die deutsche Agentur *JUGEND für Europa* und die damals geknüpften Kontakte haben sich als tragfähig erwiesen. „Es sind die Älteren, die alles gesehen haben, und die Jugendlichen, die rein springen ins Leben. Sie haben die Kraft, aber nicht die Erfahrung", resümierte Sabine, Teilnehmerin auf der Seniorinnenseite. Ihr Erfahrungen, ihr Wissen und ihre Kompetenzen im Umgang mit Krisen brachten Sabine und weitere Seniorinnen aus vier europäischen Ländern mit auf das generationsübergreifende Seminar für Frauen aus vier Ländern, das in Bonn stattfand. Sie reisten gemeinsam mit Mädchen aus ihrem Land an, die sie bereits kennen gelernt hatten. Das Leben dieser benachteiligten Mädchen war von Arbeitslosigkeit und sozialer Ausgrenzung geprägt, von Armut, schulischen Misserfolgen, instabilen Familienverhältnissen, Chancenungleichheit, Migration, sowie Sucht- und Gewalterfahrungen in der Familie oder gegen sich selbst. Und häufig ist die Sehnsucht nach Geborgenheit, Verständnis und Akzeptanz groß.

Die Seniorinnen in diesem Projekt wiederum blickten zurück auf ein Leben, das eine Jugend in der Nachkriegszeit und das Frausein in den 50er und 60er Jahren bestimmte. Berufswünsche erfüllten sich oft nicht auf Grund materieller Umstände oder ungewollter Schwangerschaften. Krisen haben alle erlebt – und sind daran stark geworden. Ihre positive Einstellung den Höhen und Tiefen des Lebens gegenüber, ihre Erfahrungen und vor allem ihre Offenheit und manchmal auch

Bewunderung für die jungen Teilnehmerinnen war ihr Kapital in diesem Seminar. Das Projekt hatte zum Ziel, einen Dialog zwischen ihnen und den in vieler Hinsicht benachteiligten Mädchen anzustoßen. Einen Dialog, der über das einwöchige Seminar hinaus andauern sollte und auch tatsächlich weiter Bestand hatte, indem die Seniorinnen als Ansprechpartnerin bei beruflichen und persönlichen Fragen, als „Ersatzoma" oder als „Quatschtante" fungierten.

Dialog bedeutete nicht nur für die Mädchen, aus den Erfahrungen der Seniorinnen Impulse für mögliche eigene Veränderungen zu empfangen. Auch die älteren Frauen, von denen keine mehr im Berufsleben stand, nutzten die Möglichkeit, von den Mädchen zu lernen, ihre Lebenswelt und ihre Probleme zu verstehen. Das Austauschprojekt richtete sich an junge und ältere Frauen: Jüngere, die sich häufig schon vor dem schwierigen Eintritt ins Berufsleben genau so überflüssig fühlen, wie die Seniorinnen nach Beginn des Rentendaseins. Das *IKAB Bildungswerk* begleitete und dokumentierte das Austauschseminar in einer umfangreichen Studie. „Ich wünsche den Mädchen, dass sie einen Teil ihrer Lebensvorstellungen verwirklichen können, dass sie für sich selbst sorgen können und etwas finden, das ihren Fähigkeiten entspricht", fasste Seniorin Margot aus Deutschland schließlich zusammen.

Die Ziele solcher Generationen übergreifenden Arbeit sind in einen europäischen Kontext eingebettet. Von den Vereinten Nationen wurde das Jahr 2001 zum Internationalen Jahr der Freiwilligen erklärt. Auf breiter Ebene sollen Menschen aller Altersgruppen zu freiwilligem Engagement fürs Gemeinwohl angeregt werden und auch in Europa wurde in den letzten Jahren über die Erweiterung bürgerschaftlichen Engagements nachgedacht. Im jugendpolitischen Bereich verweisen die neuen Jugendprogramme der EU auf die Notwendigkeit aktiven, solidarischen Engagements von Jugendlichen für ein soziales Europa.

Denn immer wieder erweist sich, dass junge Menschen durchaus bereit sind, sich für konkrete Themen, die ihren eigenen Lebensbereich berühren, einzusetzen. Und genau hier setzen die Austauschprogramme an, indem sie ein Beispiel geben für den Dialog und die Partnerschaft zwischen Jung und Alt.

TEIL IV

Erfahrungen von aktiven Netzwerkern

KAPITEL 17

Vom Patenschaftsprogramm zum Leben im Mehrgenerationenhaus

Zahlreiche Beispiele haben belegt: Das Umdenken in Sachen Umgang der Generationen untereinander ist nicht nur notwendig, sondern bereits deutschlandweit und international in vollem Gang. Dabei habe ich Ihnen sehr unterschiedliche Ansätze und Organisationen vorgestellt: Von der beeindruckenden Kooperation eines Altenheims mit einem Gymnasium in Mainz, über hoch motivierte Umwelt-Aktivisten von Jung bis Alt, bis hin zu engagierten Senioren, die Jung-Unternehmer unentgeltlich in die Tücken des Wirtschaftslebens einweisen: Das Spektrum der Ideen, wie man Jung und Alt im Rahmen ehrenamtlichen Engagements zum gegenseitigen Nutzen miteinander vernetzen kann, ist mittlerweile kaum noch überschaubar. Soziale Fantasie und der Mut, auch ungewohnte Wege zu beschreiten, sind denn auch die zentrale Voraussetzung, den demographischen Wandel und die damit verbundenen Herausforderungen des 21. Jahrhunderts nachhaltig zu meistern.

Dass Bürgerschaftliches Engagement und Netzwerke der Generationen aber nicht nur wichtig und förderlich, sondern auch von großem emotionalem und menschlichem Nutzen sind, beweisen die folgenden Statements von Netzwerkern aus ganz verschiedenen Arbeitsgebieten und Regionen. Ich finde, den Aussagen von Jung und Alt darüber, wie gut das Zueinanderfinden und das voneinander Lernen bereits klappt, ist eigentlich nichts mehr hinzu zu fügen.

Patenschaft der Generationen: Älter hilft Jünger

Das deutsche Patenschaftsprogramm *„biffy"* (www.biffy.de) führt die Generationen im Projekt *„Big Friends for Youngsters"* sehr erfolgreich zusammen. In Kindern und Jugendlichen steckt nämlich eine

Menge Potential, das sich mit etwas Unterstützung erst richtig entfalten kann. Da die Familien immer kleiner werden, sind Wahlverwandtschaften, wie sie *„biffy"* vermittelt, ein guter Weg, den Mangel an familiären Förderern auszugleichen.

Michael (40) und Senad (12):

Michael: „Während ich meine Doktorarbeit schrieb, waren wir beispielsweise zusammen im Schwimmbad oder Kino und zwar mit Senad und seinen Geschwistern. Das war auch für sie eine willkommene Abwechslung. Von Senad und seiner bosnischen Familie lernte ich innerhalb dieses Patenschaftsprogramms Direktheit. Ich nehme Anteil an Senads Leben und merke, wie er beginnt, Vertrauen zu sich selbst zu fassen. Er träumt nicht mehr nur von dicken Autos, sondern nimmt immer mehr seine Schullaufbahn selbst in die Hand."

Senad: „Wir leben ohne meinen Vater hier in Deutschland. Michael ist wie ein Onkel für mich, er gehört richtig zur Familie. Wir unternehmen viel zusammen und er unterstützt mich in allen Lebensfragen. Wenn ich mit meinen Hausaufgaben nicht weiter komme, rufe ich ihn an."

Sabine (40) und Lise (15):

Sabine: Lise und ich mochten uns gleich. Wir haben festgestellt, dass wir viele Gemeinsamkeiten teilen. Zum Beispiel sind wir beide Linkshänder und haben am gleichen Tag Geburtstag. Meine eigenen Töchter haben die Pubertät schon hinter sich, Lise ist mittendrin. Als Musikerin freue ich mich besonders über Gemeinsamkeiten im Musikgeschmack oder in der Literatur. Manchmal nimmt mich Lise ganz schön auf die Schippe und wir haben viel zu lachen. Ich bin sehr gespannt, wie sich unsere Freundschaft weiter entwickeln wird."

Lise: „Ich habe mich wie eine Schneekönigin gefreut, als Sabine zum ersten Mal zu mir nach Hause kam. Sie hat mir einen wunderschönen Jadearmreif aus China mitgebracht. Wir haben uns von Anfang an sehr gut unterhalten und auch viel Quatsch gemacht. Sabine ist ein wunderbarer Mensch."

Katja (37) und Samantha (14):
Katja: „Als Lehrerin sehe ich täglich, welche unentdeckten Talente oft in Jugendlichen schlummern. Als „große Freundin“ kann ich sie darin unterstützen, ihre Potentiale zu entfalten. Das begeistert mich so an diesem Patenschaftsprogramm. Ihre Power ist eine Kraft, die auch mich beschwingt. Darüber hinaus sind meine Besuche bei Samantha in Neukölln wie ein Trip in eine ferne Welt. Ich musste erst lernen, was es heißt, hier ein Mädchen zu sein.“

Samantha: „Wir sind eine Flüchtlingsfamilie. Mit Katja habe ich eine große Freundin, die mich unterstützt und mir Zuversicht gibt. Nebenbei haben wir aber auch viel Spaß und gehen auch mal ins Kino oder ins Solarium.“

Iris (54) und Nikoline (6):
Iris: „Wenn ich im Krankenhaus Frühdienst habe oder an den Wochenenden freue mich schon auf die gemeinsamen Unternehmungen mit Nikoline. Ihre aufgeschlossene und phantasievolle Art macht mir viel Freude. Nikoline lebt ansonsten etwas isoliert. Ihrer Mutter tut etwas Entlastung gut, um ihre zurückliegende Trennungsgeschichte zu verarbeiten. Und Nikoline genießt die Abwechslung, die ungeteilte Aufmerksamkeit, und dass noch jemand verbindlich zu ihr steht. Klar, wer braucht das nicht!“

Nikoline: „Mit Iris unternehme ich immer etwas Schönes. Wir machen viel Quatsch und toben auch herum. Ich mag es gern, wenn sie auf Kita-Feste kommt oder mich abholt. Die anderen Kinder haben alle Verwandte, aber ich habe jetzt Iris. Sie ist meine große Freundin.“

Marc (34) und Birk (14):
Marc: Als Programmierer sitze ich den ganzen Tag am Bildschirm. Durch die Patenschaft mit Birk komme ich mal raus aus der Bude und das tut mir gut! Beim Einkauf oder Kuchenbacken kommen wir ins Gespräch. Das freut mich besonders, weil Birk anfangs sehr zurückhaltend war. Jetzt reden wir auch über Probleme. Ich muss sagen, ein Stück Verantwortung zu übernehmen, hat mein Selbstbewusstsein auch gefördert.“

Birk: „Ich lebe in einem reinen Frauenhaushalt. Zu Marc habe ich auch über das Fußballspielen einen Draht gekriegt. Toll finde ich, dass er für alles offen ist. Mit ihm habe ich das Gefühl, die Welt zu erkunden. Sogar die Bundespräsidentengattin hat uns zu unserer Patenschaft gratuliert. Marc hilft mir auch bei den Hausaufgaben."

Ulrika (45) und Irene (19):
Ulrika: „Bei den Treffen mit Irene sprechen wir über Gott und die Welt. Ich bin ganz gerührt, wenn sie mir von dem erzählt, was sie beschäftigt. Ich versuche dabei, sie nicht zu erziehen, sondern vor allem zuzuhören. Die Treffen mit Irene sind für mich zu einer Herzensangelegenheit geworden. Es ist wichtig, jungen Leuten Selbstvertrauen zu geben."

Irene: „Ich lebe allein bei meinem Vater. Mit Ulrika habe ich am Anfang der Patenschaft, also vor einigen Jahren, vor allem Französisch gelernt. Mittlerweile spielen wir Federball, gehen zu Lesungen oder einfach zusammen Essen. Vor allem aber reden wir viel zusammen. Mal sind es gerade anstehende Themen: Die Wahl der Leistungskurse, die Familie, der erste Freund. Oft quatschen wir einfach wie Freundinnen. Vor allem redet sie mir nicht nach dem Schnabel und ich habe von ihr gelernt, dass man unterschiedliche Meinungen haben kann, und dass es gut ist, nicht auf ihr zu beharren, sondern zu versuchen, den anderen kennen zu lernen und zu verstehen."

Großmütter und Enkelinnen: Partnerschaft der Generationen in Europa

Im Rahmen eines Austauschprojekts des *IKAB-Bildungswerks e. V.* für arbeitslose Mädchen und Seniorinnen, die sie künftig im Eingliederungsprozess unterstützen wollen, in der Bildungsstätte Haus Venusberg e. V., in Bonn kam es zwischen den Teilnehmerinnen aus Deutschland, Luxemburg, Frankreich und Österreich zu intensiven Begegnungen und aktivem Austausch zwischen den Generationen. Die Seniorinnen stammten zum Teil aus Freiwilligenbüros, von Seniorenvereinen, Paten-Netzwerken des Lions Club, die arbeitslosen

Mädchen kamen über Jugendämter und kooperierende Einrichtungen. Ich war neugierig auf den Austausch, einfach so", berichtet Sabine, Seniorin aus Luxemburg. „Die Mädchen haben mich akzeptiert und ich mag das Internationale."

Handan, Jugendliche aus Deutschland: „Was die Seniorinnen hier erzählen, kenne ich auch. Das ist nichts Neues für mich. Ich habe auch früh geheiratet, das ist in unserer Familie ganz üblich. Es ist auch wichtig bei uns, ob du gut im Haushalt bist, ob du gut kochen kannst. Dann sagt man, dass du jemanden zum Heiraten finden wirst."

Sabine, Seniorin aus Luxemburg: „Wir sind ja nur zwei Generationen weiter. Wenn man in der Lage ist, sich zu erinnern, dann kann man die Mädchen verstehen. Wenn du aber nur auf dem Standpunkt einer 60-Jährigen stehst, wenn du nicht versuchst, sie zu verstehen, klappt es nicht."

Katja, Jugendliche aus Österreich: „Die Jugendzeit der Senioren war wohl ganz anders. Sie hatten nicht die Freizeit, die wir hatten und wohl weniger Freiheiten. Wenn sie mit jemandem knutschen wollten, mussten sie sich verstecken, wenn sie mit jemandem schlafen wollten, mussten sie sich auch verstecken. Ich kann jemanden mit nach Hause bringen, wenn ich möchte. Das ist schon anders als damals. Oder die Hausarbeit: Sie mussten damals mithelfen und viel machen. Obwohl ... das muss ich auch. Ich nehme meiner Mutter Arbeit ab, denn sie hat eine Putzstelle und ist dann auch ganz schön müde, wenn sie nach Hause kommt."

Rosa, Jugendliche aus Frankreich: „Ich habe viele Fragen an die Seniorinnen, ihre Erfahrungen in Lebensfragen sind mir wichtig. Ich habe mit Claudette viel gesprochen, von ihr möchte ich viel lernen. Als ich kam, wollte ich eigentlich von meinen Problemen weg, eine Woche lang etwas anderes sehen. Einfach eine Woche Zeit für mich haben. Ich rede viel mit der französischen Seniorin und verstehe mich gut mit ihr. Sie ist sehr offen und ehrlich und hat eine gute Lebensphilosophie."

Claudette, Seniorin aus Frankreich: „Ich bin hier, weil ich mich mit den Mädchen austauschen wollte und auch, weil ich Deutschland sehen wollte, wo mein Vater als Kriegsgefangener gelebt hat. Ich wollte die Kultur kennen lernen und wissen, ob Papa hier Schwierigkeiten hatte. Ich wollte die Unterschiede sehen, im Lebensrhythmus, in der Schule, in der Ernährung. Die Mädchen hier sind vernünftiger als die Generation zur Hippiezeit. Zwischen uns fällt der Unterschied nicht so auf. Die Jugendlichen hier haben Respekt, denken nach. Sie warten auf den einen Mann. Der Unterschied zwischen dieser Generation und der davor ist fast größer als zwischen uns und ihnen."

Sabine, Seniorin aus Luxemburg: „Ich fühle mich wohl inmitten der Jugend, mit all diesen internationalen Jugendlichen. Unterschiede zwischen den Mädchen sehe ich in der Bildung, in den Möglichkeiten. Europäische Mädchen sind eigentlich alle gleich, sie interessieren sich alle für Jungs. So waren wir auch. Ich denke, das Seminar bringt den Mädchen was, sie kommen heraus, lernen andere kennen. Was ich ihnen wünsche? Dass sie selbständig ihr Leben bewältigen können, nicht mit einer kleinen Rente dastehen. Sie sollen selbstbewusst sein, und das ist jede Investition wert. Sonst kann man vorher ja nichts planen."

Maggie, Jugendliche aus Deutschland: „Mit Claudette, der Seniorin aus Frankreich, ist ein sprachloser Kontakt da. Das geht sehr gut. Das Plenum über Beziehungen, da waren die Seniorinnen sehr ehrlich, haben viel und offen geantwortet. Das Verkleiden für die 50-er Jahre-Party war witzig, die Musik war ganz anders, so lustig. Ich bin ja andere Musik gewöhnt."

Vivienne, Jugendliche aus Frankreich: „Die 50er Jahre Party war ein sehr schöner Moment: Wir waren alle solidarisch und die Stimmung war einfach toll. Eine solche Begegnung bringt immer etwas für einen selbst. Der Kontakt mit den anderen Französinnen, die ich vorher nicht kannte, bringt mir viel, denn wir sind alle unterschiedlich und tauschen uns viel über unsere Ansichten aus, so als würden wir uns schon lange kennen. Mit unserer Seniorin, das war toll. Heute haben wir ihr ein Herz aus Pralinen aus der Stadt mitgebracht. Ich bin sehr glücklich, dass ich sie kennen gelernt habe. Sie hat uns sehr viel beigebracht. Sie sagt immer „das Leben ist schön“, und dabei hatte sie ein wirklich schweres Leben. Aber sie hat eine zufriedene Art, die ich sehr bewundernswert finde. Alles, was sie erlebt hat, nimmt sie als Teil ihres Lebens hin. Einmal sagte sie: „Wenn jemand tot ist, bleibt er immer noch in meinem Herzen lebendig.“ Das hat mir sehr gut getan, denn ich habe an meinem Großvater, der gestorben ist, auch sehr gehangen. Sie geht jeden Morgen in die Kirche. Und sie hört wirklich gut zu, merkt sich Dinge, die wir gesagt haben.“

Sandy, Jugendliche aus Luxemburg: „Der Kontakt ist schön. Ich habe gehofft, hier Freunde zu finden, die ich wieder sehe. Ich habe schon sechs Adressen, beim Schreiben auf Französisch hilft mir sicher meine Mutter. Wir waren alle einer Meinung und sind von den Seniorinnen ganz begeistert.

Sibylle Meyer, Organisatorin von IKAB: „Beide Seiten brauchen sich. Die Mädchen profitieren von den geballten Lebenserfahrungen der Seniorinnen. Auch die Mädchen haben Probleme und sehen bei den älteren Frauen: Alle leben noch, sind dabei sogar noch stärker geworden, sodass man von ihrer Stärke profitieren kann. Und die Älteren erfahren: Sie stehen mitten im Leben.“

Generationen übergreifendes Umwelt-Engagement:

Cathrin Groll, Freiwilligen-Koordinatorin bei Greenpeace e. V. im Bereich des „Teams 50plus“:

„Bei Greenpeace können Alt und Jung gemeinsam Zukunft gestalten, beziehungsweise sich gemeinsam für den Erhalt der Zukunft einsetzen. Vielfach wird ja mit Greenpeace der junge Aktivist assoziiert, der an einem Fabrikschornstein hängt oder mit wehenden Haaren im Schlauchboot Walfängern hinterher jagt. Die Leute gibt es. Aber genauso gibt es das Team 50plus. Von den insgesamt rund 2900 Freiwilligen, die sich bundesweit für Greenpeace engagieren, sind gut 200 Menschen über 50 Jahre.

Die Motivation der Greenpeace-Älteren für ihr Engagement liegt darin, Verantwortung für nachfolgende Generationen zu übernehmen und unsere Lebensgrundlagen so intakt wie möglich zu erhalten. Eine typische Beschreibung hat uns gerade eine Dortmunderin für unsere neue Broschüre gegeben. Sie sagt: „Ich möchte meinen Enkeln und allen Enkeln der Welt eine lebenswerte Erde hinterlassen und ihnen die Notwendigkeit vorleben, dafür zu kämpfen."

Das *Team 50plus* feierte kürzlich sein 10-jähriges Bestehen. Vor einiger Zeit hat die Organisation der demographischen Entwicklung und der Notwendigkeit einer stärkeren Einbeziehung dieser Generation mit der Schaffung einer Stelle speziell für das *Team 50plus* Rechnung getragen. Es wurde das enorme Potential für freiwilliges Engagement in dieser wachsenden Altersgruppe erkannt. Laut Freiwilligen-Survey von 2004 liegt der Bereich Umwelt- und Tierschutz im Interesse der engagementbereiten Menschen an dritter Stelle nach dem Sozial- und Gesundheitsbereich. Insgesamt ist das Engagement-Potential der Älteren Generation ähnlich groß wie das der Jüngeren. Den größten Zuwachs haben die Älteren.

Ältere wollen sich nicht ausschließlich mit anderen älteren Menschen umgeben, sondern mittendrin in der Gesellschaft stehen. Das Besondere an dem Generationen übergreifenden Engagement bei Greenpeace ist, dass Jugendliche, Erwachsene und Ältere zusammen für ein gemeinsames Ziel agieren. Meist wird Generationen übergreifend als gegenseitige Unterstützungs- oder Hilfsmaßnahme verstanden. Das heißt, Jüngere helfen Älteren da, wo sie nicht mehr so gut können (beim Vorlesen, Einkaufen) und Ältere stellen Jüngeren ihr Wissen und ihre Erfahrung zur Verfügung (Schularbeitenhilfe, Führungen durch Museen, Schulgartenprojekte). Bei Greenpeace hingegen wirken alle Altersgruppen auf ein Ziel hin, jeder nach seinen Stärken und Möglichkeiten.

Während beispielsweise die „Kids for Forest" ihre Schulen auf urwaldfreundliche Produkte einschwören, die Jugendlichen bei der CBD (Bio-Diversitäts-Konferenz) in Malaysia den internationalen Abgeordneten auf den Zahn fühlen und die erwachsenen Freiwilligen auf der Straße Infoaktionen veranstalten, überzeugen die Team 50plus-Leute ihre Stadtverwaltungen davon, den Schriftverkehr vollständig auf Recyclingpapier umzustellen. Diese gebündelte Kraft mit dem gemeinsamen Ziel macht Greenpeace stark und attraktiv für freiwilliges Engagement aller Generationen.

Engagement zahlt sich auch für die Älteren aus. Im Team 50plus finden sie neben sozialer Bindung und Kontakt zu Gleichgesinnten eine Plattform, politisch und wirkungsvoll aktiv zu sein. Umweltschutz ist eine sehr sinnvolle und Sinn gebende Tätigkeit, die Ältere nach ihren Möglichkeiten gestalten können und bei der ihre Fähigkeiten gefragt sind. Und: Sie agieren zusammen mit allen Altersgruppen in Generationen übergreifendem Engagement und haben so Teil am Erfolg von Kampagnen.

Nicht zuletzt wird den Älteren bei Greenpeace gerade von den Jüngeren viel Anerkennung und Respekt gezollt. Sie prägen ein positives Altenbild durch ihre Tätigkeit und setzen einen Kontrapunkt in Zeiten vermeintlicher Generationenkonflikte oder in Debatten um Alte, die sich auf den Schultern der Jungen ausruhen und keinen Job oder Kredit mehr wert sind."

Mehrgenerationen-Häuser: Gemeinsam statt einsam leben bei „wagnis" in München

Bettina (41) und Sohn Lukas (9):

Bettina: „Ich wohne jetzt mit meinem Sohn seit rund zwei Jahren hier und ich finde das Umfeld für mich als allein erziehende Mutter nahezu ideal. Freunde, die den Architekten kannten, hatten mich schon in der Planungsphase auf das Wohnprojekt hingewiesen und ich war von Anfang an Mitglied der ursprünglichen, damals noch kleinen Genossenschaftsgruppe. Aus finanziellen Gründen habe ich mich für eine Mietwohnung entschieden, obwohl eine recht hohe Genossenschaftseinlage zu zahlen war. Die Wohnung hat 70 Quadratmeter, für die ich rund 800 Euro monatlich bezahle. Zusätzlich erhalte ich einen Zuschuss vom Wohnungsamt in Höhe von 280

Euro, da ich wegen meines Sohnes nur Teilzeit arbeiten kann. Ich bin als Graphikerin bei einem großen Verlag fest angestellt.

Wir leben in einem Haus, in dem sich eine sehr nette, harmonische Nachbarschaft entwickelt hat. Wir treffen uns regelmäßig untereinander, eigentlich alle 17 Parteien im Haus. Wir wohnen ganz oben, und die Bewohner von fünf Wohnungen bilden unseren engeren Kreis. Obwohl die Kinder jünger sind als Lukas, haben sie viel Spaß miteinander. Er kann dann dort auch einmal übernachten oder die Kinder bei uns. Er geht auch manchmal mit einer Familie ins Schwimmbad, während dessen kann ich dann etwa Einkäufe erledigen. Als sehr angenehmen empfinden wir alle, dass es hier praktisch keinen Autoverkehr gibt und wir die Kinder auch mal unbeaufsichtigt nach unten zum Spielen lassen können.

Man hilft sich gegenseitig aus, bei Dingen wie Blumen gießen oder Post annehmen. Wir frühstücken regelmäßig zusammen auf unserem gemeinschaftlichen Laubengang vor den Wohnungen. Oder wir kochen gemeinsam. Mit meiner Nachbarin Sonja hat sich sogar eine engere Freundschaft entwickelt, manchmal gehen wir abends zusammen weg. Im Haus wohnt auch ein sehr netter älterer Mann, mit dem sich ein freundschaftlicher Kontakt entwickelt hat. Wir gehen öfter zusammen zum Nordic Walking in den Olympiapark oder er spielt mit Lukas Schach. Lukas hat viel Freude an typischen „Männer-Unternehmungen." Er geht auch besonders gern auf die Wiese hinterm Haus zum Fußball Spielen, leider beschweren sich dann doch einige Bewohner über den Kinderlärm.

Was mich betrifft, empfinde ich es als sehr angenehm, innerhalb einer Gemeinschaft zu leben, in der ich nicht allein bin und immer Kontakt haben kann, wenn mir danach ist. Freilich hat dieses beinahe dörfliche Leben mitten in der Großstadt, wo jeder jeden kennt, auch seine Nachteile: Man bekommt viel von den Mitbewohnern mit, Anonymität gibt es hier nicht. Aber im Großen und Ganzen überwiegen die Vorteile bei weitem. Denn wenn man allein sein will, dann kann man das eigentlich schon auch sein.

Ich mag den Wochenmarkt auf unserem Gelände mittwochs sehr, dienstags gehe ich immer zum Yoga. Eigentlich muss man unsere Wohnanlage nie verlassen, denn es gibt hier alles: Lebensmittel, das

Speisecafé Rigoletto, in dem man gutes Essen und Kulturelles wie Literatur, Musik, Kabarett genießen kann. Innerhalb unserer Nachbarschaftsbörse kann man außer Yoga treiben auch noch gemeinsam joggen, walken, meditieren, tanzen. Gegenseitige Hilfen werden vermittelt und Gartengeräte ausgetauscht. Kontakte zu möglichen neuen Partnern kann man hier weniger knüpfen, weil doch überwiegend Familien hier leben. Aber es gibt Gelegenheiten wie gemeinsame Faschingsfeste oder Geburtstagsfeten, und auch beim letzten Tibet-Wochenende waren viele Leute da. Allerdings suche ich auch gar nicht, weil mich mein Sohn und meine Arbeit bisher voll ausfüllen.

Praktisch sind bei *„wagnis"* auch die Gästezimmer. Wenn unser Opa aus Berlin zu Besuch kommt, kann er dort wohnen, hat sein eigenes Reich und wir sitzen uns nicht so eng auf der Pelle, wie das in unserer Wohnung der Fall wäre. Ich möchte auch in Zukunft hier leben. Denn wenn man älter wird, bleibt man ins Leben der Gemeinschaft eingebunden. Viele Kinder sind jetzt um die zehn Jahre alt und in einigen Jahren gehen sie alle aus dem Haus, wie Lukas auch. Dann sind plötzlich alle weg und man hat trotzdem weiter die Gesellschaft der anderen Eltern, die man dann schon lange kennt. Inzwischen wachsen nämlich auch meine Kontakte zu anderen Häusern, die natürlich meist über die Kinder laufen. Ich fühle mich hier sehr gut und auch irgendwie aufgehoben. Auf den großen Flohmarkt und das Nachbarschaftsfest mit Musik, zu dem jeder etwas mitbringt, freue ich mich jetzt schon."

Lukas (9): „Mir gefällt es hier auch sehr gut. Auch wenn ich meine alten Freunde aus der früheren Gegend schon manchmal vermisse oder wenn ich zu Papa will. Am schönsten ist es, wenn ich mich mit meinen Freunden einfach so zum Fußball treffe. Oder zum Spielen mit den

Wasserpistolen. Es gibt hier auch ein Kinderforum. Da können wir sagen, wie wir den Spielplatz haben wollen. Es gibt hier auch ein Kinderprogramm. Zum Beispiel einen Englischkurs. Die Kleinen haben eine Krabbelstube. Oder man kann Musik machen, und für Schüler gibt es eine Nachmittagsbetreuung. Das ist praktisch."

LITERATUR UND INTERNET-ADRESSEN

Solidarität der Generationen. Perspektiven des Älterwerdens der Gesellschaft in Deutschland und Europa. Bürgerschaftliches Engagement. Erfahrungen in Deutschland und Europa
Fritz Erler Akademie der Friedrich-Ebert-Stiftung (Hg.) Freudenstadt 1997.

Intergenerational Directory – A directory of people interested in intergenerational approaches – The Betz Johnson Foundation. Download unter www.centreforip.org.uk.

Handbuch Sozial-Sponsoring. Lang H. und Haunert F. Beltz, Weinheim und Basel 1995.

Forum aktuell, Forum für gemeinschaftliches Wohnen von Jung und Alt. Geschäftsstelle Hannover. www.fgwa.de.

Frauenspezifisches, generationsübergreifendes Wohnen
Ministerium für Kultur, Jugend, Familie und Frauen, Rheinland-Pfalz, Mainz 1998.

Alter und Generationenvertrag im Wandel des Sozialstaats.
Andrea Motel-Klingebiel, Berlin, Hg. Martin Kohli, Institut für Soziologie der FU Berlin.

Das Generationenhandbuch, Schweizer Stiftung pro juventute, Zürich 2000, Verlag Pro senectute, zu beziehen über geschaeftsstelle@pro-senectute.ch.

Generationenfrage, Francois Höpflinger, Editions Realités Sociales, Lausanne 1999.

Miteinander voneinander lernen – Ein Trainingshandbuch zum Aufbau generationsübergreifender Projekte. Holm Ulla, Jones Chris. Herausgegeben vom Europäischen Zentrum für Wohlfahrtspolitik und Sozialforschung. Wien 2001. E-Mail struempel@euro.centre.org.

Alt sein – aber nicht allein. Neue Wohlkultur für Jung und Alt. Brasse B., Klingseisen M. Schirmer U. Votum Verlag, Münster 1993.

Roberts alter Freund, Antoinette Becker, Ravensburger 1994.
Opa gehört zu uns! Anne Blunk, Verlag Ellermann 1992.

Studium für Jung und Alt www.uni-ulm.de/uni/fak/zawiw/Publikationen.htm/.

Publikationen zur Familienpolitik: www.bmfsfj.de Bundesministerium für Familie, Senioren, Frauen und Jugend. Publikationen können hier kostenlos bestellt werden.

Train the Mentor Dokumentation eines Trainings für Patenschaften zwischen Jung und Alt DKJS und Projektbüro „Dialog der Generationen". Bestellung unter dialog-der-generationen@pfefferwerk.de.

Intergenerative Projekte in NRW: Bestandsaufnahme, Bewertung, Vernetzungs- und Qualifizierungsbedarf. Studie durchgeführt im Auftrag des Ministeriums für Gesundheit, Soziales, Frauen und Familie Nordrhein-Westfalen. Zu beziehen über Uni Dortmund am Institut für Gerontologie an der Universität Dortmund.

Das Altern der Gesellschaft: Demographische Grundlagen Berlin 2003. In: Baltes M., Kohli M., Sames K. (HG): Erfolgreiches Altern, Bedingungen und Variationen. 1989.

Lebenslauf und Lebensalter im interkulturellen Vergleich, Kohli Martin In: Elwert. G.: Im Lauf der Zeit. Ethnographische Studien zur gesellschaftlichen Konstruktion von Lebensaltern, Breitenbach, Saarbrücken 1990.

Modellprojekt Generationennetzwerk Umwelt, Akademie aktuell. Akademie für Natur und Umwelt des Landes Schleswig-Holstein. Zu beziehen über zentrale@umweltakademie-sh.de, www.umweltakademie.sh.de.

„Nur eine Berlinerin!" Gisela Stange, BOD-Verlag, Persönliche Erlebnisse einer Zeitzeugin aus Berlin in vier Bänden. Zur Zeitzeugenarbeit an Schulen geeignet. Zu beziehen über www.amazon.de.

Chancen für die Erwerbsarbeit im Alter
Christoph Behrend, Betriebliche Personalpolitik und ältere Erwerbstätige. Verlag Leske und Budrich, 2002.

www.ies.uni-hannover.de.
Netzwerkdatenbank und Rundbrief des Netzwerkes für örtliche und regionale Familienpolitik.

www.jugendbeteiligung.info/praxistipps/40882.html
Tipps zu aktuellen Förderprogrammen und Aktionen in einer Tabelle.

www.zukunftsradar2030.de
Visionen und Handlungsempfehlungen zu demographischen Veränderungen in Kommune, Arbeitswelt, Markt und zwischen den Generationen.

www.b-b-e.de
Bundesnetzwerk Bürgerschaftliches Engagement.

www.bagfa.de
Bundesarbeitsgemeinschaft Freiwilligenagenturen.

www.buergergesellschaft.de
Viele praktische Hinweise für alle, die sich engagieren wollen.

www.ehrenamt.de
Zusammenfassung Bericht Enquete-Kommission „Zukunft des bürgerschaftlichen Engagements".

www.generationennetzwerk.de
Generationennetzwerk Umwelt – Generationen übergreifende Projekte im Umweltbereich.

www.isab-insitut.de
Erfahrungswissen für Initiativen.

www.nachbarschaftsladen.de
Kundige, Internet erfahrene SeniorenInnen schulen Unkundige in den neuen Medien.

www.pro-ehrenamt.de
Förderpreis Ehrenamt 2001.

www.europa.eu.int
Europäische Union – Lifelong Learning.

www.intergeneration.ch
Vernetzung von Forschung und Praxis aus dem Kinder-, Jugend- und Altersbereich.

www.accordages.com
Generationen übergreifende Aktivitäten in Frankreich. Austausch, Bündelung und Verbreitung von solchen Projekten.

www.biffy.de
Patenschaftsprogramm der DKJS.

www.buergeramt.de
Bürgeramt.

www.euro-volunteer.org
Euro-Freiwillige.

www.jung-trifft-alt.de
Homepage des zukunftsweisenden Netzwerks Alt und Jung in Mainz.

www.seniorenbueros.org
Bundesarbeitsgemeinschaft Seniorenbüros. E. V.

www.stadtteilarbeit.de
Informationen, Links, Theorien und Konzepte

www.vistaverde.de
Umwelt – Natur – Nachhaltigkeit.

www.greenpeace.de
Internationale Umweltschutzorganisation mit Team 50plus und Jugendteams

www.NABU.de
Naturschutzbund Deutschland für alle Generationen.

www.haworthpress.com
Journal intergenerational relationships.

www.igmetall.de
Europa der Generationen.

www.bmfsfj.de
Internetangebote für Alt und Jung.

www.d-a-s-h.org
Europaweites Projekt für Vernetzung gegen Ausgrenzung.

www.buergerstiftungen.info
Bürgerstiftungen in Deutschland.

www.wohnprojekte.de
Wohnen für Alt und Jung im Internet.

www.buerger-engagement.de
„für mich“: der Bürgerpreis 2004 mit dem Thema Jung und Alt. Initiative für Bürgerengagement von Städten, Gemeinden, Landkreisen und den Sparkassen, gegründet von Bundestagsabgeordneten. Förderung der 22 Millionen engagierten Freiwilligen in Deutschland.

Generationenkonflikt

Ruth Eder
Ich spür noch immer ihre Hand
Wie Frauen den Tod ihrer Mutter bewältigen
Band 5112
Von Sehnsüchten, vom Ringen um Liebe, aber auch vom lebendigen, warmen Kontakt erzählen fünfzehn erwachsene Töchter. Ein bewegendes Buch.

Henning Scherf
Grau ist bunt
Was im Alter möglich ist
192 Seiten, gebunden mit Schutzumschlag
ISBN 3-451-28593-2
Der Angst vor dem Altern und der Panik vor einer immer älter werdenden Republik stellt Scherf ein ganz neues Altersbild entgegen. Und eine alternative Lebensform, die er selbst in seiner Alters-WG praktiziert.

Barbara Bojack / Klaus Sanden
Älter werden – lebensfroh bleiben
Wie wir uns vor Altersdepression schützen
Band 5749
Wie Altersschwermut und Depressionen entstehen und welche Möglichkeiten es gibt, wieder zu einer ausgeglichenen Gemütsverfassung zu kommen.

Sylvia Görnert-Stuckmann
Umzug in die dritte Lebensphase
Wie wohnen und leben – Modelle und Beispiele
Band 5638
Das Konzept der ambulanten und stationären Pflege reicht nicht mehr. Eine Fülle von Alternativen wird diskutiert und erprobt. Der Ratgeber.

Sylvia Görnert-Stuckmann
Wenn man im Alter Hilfe braucht
Welche Hilfen gibt es wo?
Band 5418
Informationen rund um Hilfeleistungen und Pflegedienste. Ein umfassender Überblick.

Wolfgang Heiß
Älter werden – gesund bleiben
Die 10 goldenen Regeln
Band 5562
Die Zukunft liegt in unserer Hand. Ziel ist: Zufrieden, kompetent, leistungsfähig und selbstbestimmt zu bleiben. 10 klare Regeln beizeiten beachten.

Verena Kast
Loslassen und sich selber finden
Die Ablösung von den Kindern
Band 4910
Sich loslassen und sich als Erwachsene neu begegnen. Phasen und Chancen im Ablösungsprozess von den Kindern.

Ulfilas Meyer
Happy Aging
Den Rhythmus des Lebens finden
Band 5391
Die lebensfreundliche Alternative zu Anti-Aging oder wie man aus zunehmender Reife und Weisheit wirklich tiefes Glück schöpfen kann.

Horst Petri
Jugend auf der Suche
Welche Werte die Gesellschaft Jugendlichen vorenthält
Band 5713
Jungendliche sind wesentlich besser als ihr Ruf. Oft liegt das Problem bei den Erwachsenen, die den Jugendlichen Orientierung und Werte vorenthalten.
Der erfahrene Therapeut Petri zeigt, wo die Gesellschaft und wo Einzelne sinnvoll etwas tun können.

Beate Scherrmann-Gerstetter / Manfred Scherrmann
Das Brave-Tochter-Syndrom
...und wie frau sich davon befreit
Band 5674
Da stimmt doch was nicht... Wenn Frauen immer allen alles recht machen wollen.
Wo kommt es her und wo liegen die konkreten Veränderungsmöglichkeiten?
Ein aufregendes – und erlösendes Buch.

HERDER spektrum